Uwe Petersen

Säkulare Stagnation unser Schicksal?

Grenzen der angebotsorientierten Wirtschaftspolitik.

Umschlagsgestaltung:
Tom Jay - www.tomjay.de
Foto: © Tijana - fotolia.com

Erscheinungsjahr 2014

ISBN-13: 978-1500949754

ISBN-10: 1500949752

www.philosope.de
Dr. Uwe Petersen
Dubrowstraße 49, 14129 Berlin
Tel.: +49308014369, Email: philosope@arcor.de

Inhalt

Einleitung

Am 21.November 2013 schrieb K. Singer: >>Larry Summers [1] hat mit einem Vortrag auf der jährlichen Research-Konferenz des IWF in der vergangenen Woche in ein Wespennest gestochen und das Bild einer Zukunft mit chronisch schwacher Nachfrage und schleppendem Wirtschaftswachstum gezeichnet, die „secular stagnation".

Er ist nicht der Erste, der auf ein solches Szenario hinweist. Paul Krugman hatte bereits vor zwei Jahren in seinem Blog die Hypothese der „secular stagnation" aus den frühen Nachkriegszeiten aufgegriffen. Er attestiert Summers, diese nun besonders brillant neu belebt zu haben.<<[2] Auch George Soros, einer der bekanntesten Hedgefonds-Manager der Welt, der 1992 mit einer Wette den Ausstieg des britischen Pfund aus dem Europäischen Währungssystem erzwang, sagt: >>Die Euro-Krise kann es mittlerweile mit

---

[1] Larry Summers war von 1995 bis 1999 Stellvertreter des Finanzministers Robert Rubin, danach von 1999 bis 2001 Finanzminister im Kabinett von Clinton. In dieser Zeit unterstützte Summers die Deregulierung der Finanzmärkte etwa durch den Gramm–Leach–Bliley Act von 1999, der die weitgehende Aufhebung des Trennbanken-Systems vorsah. Insbesondere die Deregulierung der OTC-Derivate galt später als Ursache für die Finanzkrise ab 2007. Clinton bedauerte im Nachhinein, auf den Rat von Rubin und Summers gehört zu haben. 2008 wurde Summers vom designierten US-Präsidenten Obama als Nationaler Wirtschaftsberater in die Regierung berufen. Zum Jahresende 2010 schied er aus dem Nationalen Wirtschaftsrat wieder aus, was damit begründet wurde, dass er sonst seine Stelle als festangestellter Universitätsprofessor verlieren würde. Er kehrte an die Universität von Harvard zurück. Im Sommer diesen Jahres galt Summers als Favorit bei der Nachfolge von Bernanke auf dem Chef-Sessel der FED. Er zog seine Bewerbung schließlich zurück, nachdem liberale Demokraten im US-Senat dagegen opponierten und machte das Feld für Yellen frei.
Quelle: http://www.timepatternanalysis.de/Blog/2013/11/21/summers-sakulare-stagnation/
[2] Quelle a.O.

der Großen Depression in den 1930er Jahren aufnehmen. Europa hat den Tiefpunkt erreicht und steht vor einer langen Phase der Stagnation.<<[3]

>>Die schwache Preisentwicklung im Euroraum gibt Anlass zur Sorge vor einer möglichen Deflation. Vor allem die kurz- und mittelfristigen Inflationserwartungen der Märkte, die in den letzten Monaten weiter gesunken sind, und auch die Prognosen der EZB sprechen für eine lange Phase mit sehr niedrigen Inflationsraten, die deutlich unter dem Ziel der EZB liegen. „Die Gefahr einer sich selbst verstärkenden Deflationsspirale ist bei lang anhaltend niedrigen Inflationsraten durchaus real", sagen Kerstin Bernoth, Marcel Fratzscher und Philipp König vom Deutschen Institut für Wirtschaftsforschung (DIW Berlin).<<[4]

Christian Reiermann und Anne Seith berichten: >>Bei seiner Pressekonferenz zum Abschluss der Frühjahrstagung um internationale Währung von (IWF) und Weltbank schlüpfte Draghi gleich zweimal fast ein verräterisches Wort über die Lippen. "Defla..." setzte der Italiener an, um sich dann zu unterbrechen und stattdessen mit "low inflation", also niedriger Inflation, fortzufahren. Was Draghi sich nicht zu sagen traute, war in Washington dennoch allgegenwärtig: die Deflation, also jenes Phänomen anhaltend sinkender Preise, das die Verantwortlichen in den Notenbanken und Ministerien derzeit weltweit mit Schaudern erfüllt.<<[5]

Am 5. Juni 2014 hat die Europäische Zentralbank ihren Kampf gegen Deflationsgefahren verschärft. *Tagesschau.de* berichtet: >> Die Europäische Zentralbank (EZB) senkt ihre Zinsen auf neue Rekordtiefstände. Der Leitzins werde von 0,25 auf 0,15 Prozent gekappt, teilte die Notenbank mit. Zudem müssen Banken künftig

---

[3] Carsten Brönstrup fragt George Soros: „Europa droht eine lange Phase der Stagnation"
Star-Investor George Soros über das Krisenmanagement Angela Merkels und das mögliche Scheitern der Europäischen Union, in: Der Tagespiegel Nr. 21970, vom 26.2.2014, S.12.
[4] DIW Pressemitteilung vom 19.03.2014: *Deflationsgefahr im Euroraum.*
5 Christian Reiermann und Anne Seith: *Währungen Die letzte Waffe*, in: Der Spiegel Nr.17/19.4.14, S. 60.

einen Strafzins bezahlen, wenn sie Geld bei der EZB parken. Dafür wird der Einlagezins erstmals unter die Nulllinie auf minus 0,10 Prozent reduziert.

Damit sollen die Kredithäuser gedrängt werden, ihre Gelder lieber in Form von Darlehen an Unternehmen zu vergeben. Der niedrige Zinssatz soll Investitionen und Konsum ankurbeln.

Die EZB kündigte außerdem an, mit neuen Milliardenspritzen die Kreditvergabe vor allem in den südlichen Euroländern ankurbeln zu wollen. Die Notenbank verleiht abermals Geld zu günstigen Konditionen, erstmals allerdings mit einer Laufzeit von vier Jahren bis 2018, wie EZB-Präsident Mario Draghi mitteilte. Die Vergabe der Kredite wird anders als bisher an die Bedingung geknüpft, dass die Geschäftsbanken die Mittel zumindest teilweise an Unternehmen und Privatkunden weiterreichen. Damit soll die Konjunktur belebt werden. Das Programm soll zunächst einen Umfang von 400 Milliarden Euro haben.

Die EZB hatte auf dem Höhepunkt der Finanzkrise Ende 2011 und Anfang 2012 bereits mit zwei jeweils gut 500 Milliarden Euro schweren Liquiditätsspritzen das Finanzsystem geflutet. Damals hatten die Banken einen Gutteil des Geldes aber in als sicher angesehene Staatsanleihen investiert - was zwar die Staaten und die Banken stützte, aber zu keinen neuen Krediten führte.
Hintergrund der EZB-Entscheidungen sind die sehr niedrige Inflationsrate von unter einem Prozent und die immer noch schwächelnde Konjunktur im Euroraum. Eigentlich zielt die EZB auf eine Teuerungsrate von zwei Prozent. Doch der Wert liegt seit Monaten darunter. Befürchtet wird deshalb, dass es eine Deflation geben könnte, also eine Abwärtsspirale der Preise.<<[6]

Was ist eine Säkulare Stagnation und wie kommt es zu dieser Feststellung?

---

[6] *Kampf gegen Deflation. Leitzins nahe Null, Strafzins für Banken*
http://www.tagesschau.de/wirtschaft/ezb-leitzins-100.html

A. Säkulare Stagnation und ihre Erscheinungsformen

I. Was ist eine Säkulare Stagnation?

Wirtschaft kann man als ein arbeitsteiliges gesellschaftliches Verhalten verstehen, die Bedürfnisse der Menschen zu befriedigen. Ziel und Zweck sind somit die optimale Bedürfnisbefriedigung der Gesellschaft. Es versteht sich, dass die optimale Bedürfnisbefriedigung abhängig ist von den prinzipiell beschränkten natürlichen Ressourcen, den Produktionsbedingungen und den gesellschaftlichen Machtverhältnissen. Dabei sind diese Faktoren auch voneinander abhängig. So verleiten niedrige Produktionsverhältnisse dazu, dass wenige viele unterdrücken und gegebenenfalls zu Sklaven machen, um selbst möglichst gut leben zu können. Unter solchen Produktionsbedingungen ist auch in früheren Zeiten nur eine Kulturentwicklung möglich gewesen. Menschen mussten dazu freigestellt werden, Kulturgüter zu erstellen, und die Masse der Menschen musste für die wenigen mit arbeiten.

Mit der Weiterentwicklung der Produktionsmethoden unter einer gegebenen Bedürfnisstruktur kann sich natürlich der Druck auf die Masse der Arbeitenden mildern und das insbesondere dann, wenn der wirtschaftliche Fortschritt von der Intelligenz und Qualifikation der Schaffenden abhängig ist. So konnte das sich entwickelnde Bürgertum die Adelsherrschaft überwinden.

Als weitere Folge der Entwicklung der Produktionskräfte erwartete Karl Marx, dass sich in einer proletarischen Revolution auch die Herrschaft der Unternehmer abschütteln ließe und dann wegen der entwickelten Produktionskräfte jeder nach seinen Bedürfnissen leben könne.

Dabei gab sich Marx aber der Illusion hin, dass

- die Arbeit dem Menschen ein Bedürfnis sei und alle auch freiwillig nach ihren Fähigkeiten zur Erstellung der notwendigen Produkte und Dienstleistungen beitragen werden,
- Produktion und Verteilung keine geordneten und hierarchischen Strukturen benötigen und von demokratischen Räten organisiert werden können und

- die Bedürfnisse nicht noch vielseitig durch neue Produkte gesteigert werden können, der Verteilungskampf deswegen nie endgültig aufhört.

Karl Marx hatte somit noch ein im Endeffekt eher stationäres Wirtschaftsverständnis. Eine stationäre primitive kommunistische Urgesellschaft soll danach übergehen in eine Klassengesellschaft, die die Produktivkräfte entwickelt, um dann in einer entwickelten klassenlosen Gesellschaft wieder aufzuerstehen.

Diese Auffassung teilen die liberalen Wirtschaftstheoretiker des Kapitalismus nicht. Nach ihnen beginnt spätestens mit der industriellen Revolution ein ewiges wirtschaftliches Wachstum. Für die liberale Wirtschaftstheorie, die auch heute noch die wirtschaftliche Diskussion beherrscht, ist deshalb eine wirtschaftliche Stagnation eine Krankheit. Dennoch leiden die Industrieländern, wie zu zeigen sein wird, spätestens seit den sechziger Jahren, das heißt nach der Wiederaufbauphase nach dem Zweiten Weltkrieg, unter einer säkularen Stagnation. Wir haben somit zu unterscheiden zwischen der *traditionellen* und der *kapitalistischen* Säkularen Stagnation.

1. Traditionelle säkulare Stagnationen

Eine säkulare Stagnation war der Normalzustand einer Volkswirtschaft bis zur industriellen Revolution. Unter den jeweils gegebenen Produktionsbedingungen wurde das hergestellt, was hergestellt werden konnte. Die Produktionsmethoden blieben über viele Jahrhunderte und Jahrtausende gleich, das heißt: Innovationen vollzogen sich nur in größeren Zeiträumen.

Wikipedia schreibt: >>Die Steinzeit ist weltweit die früheste Epoche der Menschheitsgeschichte und durch die dominierende Überlieferung von Steinwerkzeugen gekennzeichnet. Sie begann – nach heutigem Kenntnisstand – mit den ältesten gefundenen Werkzeugen vor etwa 2,6 Millionen Jahren in Afrika und wird dort als Early Stone Age bezeichnet.[1] … Am Ende der Steinzeit wird – regional sehr unterschiedlich – durch das Aufkommen des Werkstoffs Kupfer eine Epoche der Kupfersteinzeit eingeschoben. Erst mit der Frühbronzezeit wird die Steinzeit in einigen Regionen der Welt abgelöst, in Mitteleuropa etwa um 2200 v. Chr.<<[7]

---

[7] http://de.wikipedia.org/wiki/Steinzeit

>>Am Ende der Steinzeit begann der Übergang zur Verwendung eines grundlegend anderen Materials, des Metalls. Neue, bessere Eigenschaften ermöglichten bisher unbekannte Nutzungsmöglichkeiten, erforderten aber auch eine weitaus komplexere Handhabung und Technologie sowie einen funktionierenden Fernhandel um an das begehrte Material zu kommen, das nicht überall vorhanden war. Diese Übergangsphase wird Kupferzeit, auch Chalcolithikum oder Äneolithikum genannt. Sie endet mit dem Beginn der Bronzezeit.<<[8]

Etwa ab 1200 v.Chr. folgt dann die Eisenzeit, die im Grunde bis zur Industriellen Revolution währte. Bis dahin wurden nur über längere Zeiträume neue und differenziertere handwerkliche Fähigkeiten entwickelt.

Traditionelle Gesellschaften konnten sehr produktiv sein, Hochkulturgüter schaffen und Kriege führen. Es wurde nur jeweils so viel produziert, wie gebraucht wurde. Dabei gab es Einkommensunterschiede. Sklaven und untere Stände wurden gezwungen, die notwendigen Güter und Dienstleistungen bereitzustellen, soweit nicht andere Länder mit Krieg überzogen und ausgeraubt wurden. Da die Produktionsmethoden gleich blieben, konnte die Wirtschaft nur dadurch wachsen, dass aus Sklaven oder Untergebenen mehr herausgepresst wurde. Ein eigentliches Wachstum der Wirtschaft, das gleichbedeutend ist mit einer Erhöhung des allgemeinen Wohlstandes ist nur möglich durch Erfindungen und Investitionen.

2. Wie kam es zum Übergang von der traditionell stagnierenden Wirtschaftsordnung zur Wachstumswirtschaft?

Voraussetzung für eine sich entwickelnde wachsende Wirtschaft waren Wissenschaft und technischer Fortschritt und eine die wirtschaftliche Entwicklung tragende Zivilisation.

Die geistige Orientierung der alten Hochkulturen war dagegen rückwärtsgewandt auf frühere Zeiten, die gern auch als "goldene Zeiten" verstanden wurden. In den ostasiatischen Kulturen mit ihrem ausgeprägten Ahnenkult blieb das Leben und Wissen der Vorväter und mythischen Weisen Vorbild. In Indien galt die materielle Welt nur als Scheinwelt, *Maya*. Interesse an ihr und Handeln

---

[8] A.O.

in ihr band die Seele und erzeugte karmische Verpflichtungen, die die Seelen immer wieder in neue Verkörperungen zwangen. Die Inder strebten deswegen danach, die seelische Bindung an die äußere Welt aufzuheben und in das Nirwana einzugehen. Für Muslime, die einen großen Teil der europäischen Geistesentwicklung in ihren Ursprüngen mitbestimmt hatten - man denke nur an die arabische Hochkultur im maurischen beherrschten Spanien - erstarrten in ihrer Fixierung auf ihren jenseitigen Gott, dem sie auch allein Kreativität zusprechen. Die wirtschaftlichen Verhältnisse verharrten auf dem gleichen Entwicklungsstand, befanden sich somit in einer *säkularen Stagnation*.

Nur in Europa entwickelten sich griechisches Denken und jüdische Weltorientiertheit zu Wissenschaft und Technik und religiöse Eschatologie zur Fortschrittsideologie. So kam es in Europa zur technischen Revolution, die die Entwicklung seitdem vorantreibt, und dem, was man gemeinhin *wirtschaftliches Wachstum* nennt.

Entsprechend dem Fortschrittsideal des sich selbst bestimmenden und entwickelnden Individuums sollte jeder Schmied seines eigenen Glückes oder Unglückes sein und durch Arbeit oder Kapitaleinsatz seinen Lebensunterhalt verdienen und, wenn möglich, auch Reichtum anhäufen. Als Garant dafür, dass der Einzelne das herstellte und verkaufte, was der Gesellschaft als ganzer den größten Nutzen bringt, wurde der Markt angesehen. Durch die Konkurrenz der Anbieter von Waren und Arbeit sollten die Anbieter dabei gezwungen werden, so preisgünstig wie möglich anzubieten beziehungsweise hat nur derjenige Erfolg, der die preiswertesten Waren liefert.

Wirtschaftlich verband sich der *technische Fortschritt* mit dem *Gewinninteresse* der Bürger und ermöglichte so in ihren Händen ökonomischen Reichtum und Befreiung der Bürger aus der Adelsherrschaft.

3. Kapitalistische säkulare Stagnation

Eine Volkswirtschaft ist im Gleichgewicht, wenn das volkswirtschaftliche Angebot auch nachgefragt wird. Das heißt nicht, dass jeder seine Produkte und Dienstleistungen auch verkaufen kann und/oder den gewünschten Preis erzielt. Bei Preisverfall bestimmter Produkte oder ihres Nichtverkaufs muss ungenutzte Kaufkraft dann zusätzlich für andere Produkte ausgegeben werden, die dann im Preis steigen. Derartige Preisverschiebungen sind in der Marktwirtschaft erwünscht, weil wegen der daraus gemachten Erfahrungen die Anbieter ihr Angebot immer optimaler an die Nachfrage anpassen oder ihre Produktion verbessern.

Insgesamt muss die Summe der Nachfrage aber der Summe der angebotenen Güter und Dienstleistungen gleich sein. Denn die Einkommen entstehen als *Ansprüche* im Zuge des Produktionsprozesses. Werden sie nicht ausgegeben, dann bleiben Waren unverkauft mit der Folge, dass die Produktion entsprechend eingeschränkt wird und die Wirtschaft stagniert oder gar in eine Depression fällt.

Volkswirtschaftlich weniger nachzufragen als zu produzieren, bedeutet, dass Kaufkraft nur gespart und nicht wieder investiert wird. Das tendenzielle Überwiegen der Ersparnisse über die realwirtschaftlichen Investitionsmöglichkeiten ist daher der Hauptgrund für die *kapitalistische säkulare Stagnation*.

Hinzu kommt das tendenzielle Überwiegen von Rationalisierungsinvestitionen über die innovativen und Erweiterungsinvestitionen. Dadurch werden mehr Arbeitskräfte freigesetzt, als neue Arbeitsplätze geschaffen.

Da untere Einkommensschichten weniger sparen als höhere Einkommensbezieher, fallen volkswirtschaftlich natürlich weniger Ersparnisse an. Folglich verringert sich durch Lohnsteigerungen tendenziell die Differenz zwischen Ersparnissen und Investitionen und demzufolge auch zwischen volkswirtschaftlicher Nachfrage und volkswirtschaftlichem Angebot, allerdings nur insoweit als höhere Löhne nicht wieder auf die Preise aufgeschlagen werden.

Unmittelbar einkommensabhängig ist nur die Nachfrage der Privaten. Die Obrigkeit finanziert ihre Ausgaben durch Steuern und Abgaben und Kreditaufnahme. Schon immer waren deswegen der Rüstungs- und gehobene Konsumbedarf des Adels und später der Staaten sowie für öffentliche Investitionen in die Infrastruktur, in Bildung etc. ein maßgebender Teil der volkswirtschaftlichen

Nachfrage.[9] Sehr oft hat die öffentliche Nachfrage die volkswirtschaftliche Nachfrage insgesamt sogar das volkswirtschaftliche Angebot übersteigen lassen.

Die tendenzielle Nachfragelücke wird auch insoweit gemildert, als Konsumenten sich verschulden und mehr Güter exportiert als importiert werden. Ferner wird in dem Maße, in dem Kapitalmarktspekulationen zunehmen, auch immer mehr Kapital verbrannt.

Gehen wir die Komponenten der gegenwärtigen kapitalistischen Säkularen Stagnation durch!

3.1 Tendenziell steigende Diskrepanz zwischen volkwirtschaftlichen Ersparnissen und Gewinn versprechenden realwirtschaftlichen Investitionsmöglichkeiten

In Produktionsmittel kann nur investieren, wer insoweit auf Konsum verzichtet. Deswegen kann die Investitionsrate in wenig entwickelten Volkswirtschaften nur gering sein. Mit dem wirtschaftlichen Wachstum nehmen auch die Einkommen zu, und so kann immer mehr gespart werden, womit dann Investitionsgüter finanziert werden können.

Allerdings reicht das einfache Sparen nicht aus, um eine Volkswirtschaft zu entwickeln. Es müssen auch Produktionsmittel erfunden sein, die man kaufen kann. Je mehr innovative Produktionsmöglichkeiten und neue Produkte erfunden werden, umso mehr Ersparnisse kann in realwirtschaftliche Investitionen angelegt werden.

Wenn nun eine Wirtschaft einen gewissen Sättigungsgrad erreicht hat und steigend dennoch weiter gespart wird, ergibt sich irgendwann die Gefahr, dass gewinnversprechende Innovationen hinter den Ersparnissen zurückbleiben und schon müssen sich Stagnationserscheinungen zeigen.

Tendenziell wachsen die Ersparnisse stärker bei steigenden Einkommensunterschieden. Steigende Einkommensunterschiede erge-

---

[9] Siehe: Petersen: *Von der Staatswirtschaft zur Marktwirtschaft* in: Wirtschaftsethik und Wirtschaftspolitik. Zur Überwindung der globalen Wirtschaftskrise . Von der liberalen zur sozialliberalen Wirtschaftsordnung, S. 138ff.

ben sich zwangsläufig dadurch, dass Vermögende zusätzliche Einkommen aus ihrem Vermögen erlösen und wieder anlegen und wegen ihrer hohen Einkünfte überproportional viel sparen. Bei Superreichen wächst das Vermögen bereits, ohne dass sie selbst irgendetwas tun. Deren Erben fangen dann bereits mit hohen Vermögen und entsprechenden Vermögenseinkünften an und können es weiter überproportional steigern

2007 besaßen nach verschiedenen Berechnungen des DIW die reichsten 10 % der Bevölkerung ab 17 Jahre zwischen 61 und 66 % des Gesamtvermögens, die reichsten 0,1 % (etwa 70.000 Personen) mit 1.627 Milliarden Euro fast ein Viertel des Gesamtvermögens. Die ärmere Hälfte der Bevölkerung (etwa 35 Mio. Personen) besaß mit 103 Milliarden Euro dagegen nur 1,4 % des Gesamtvermögens und damit weniger als die zehn reichsten Deutschen im selben Jahr (113,7 Milliarden).[10] Inzwischen sind wir sieben Jahre weiter, in der sich die Einkommensschere noch weiter geöffnet hat. Während des wirtschaftlichen Kollapses 2008/2009 waren die Vermögenswerte natürlich erheblich geschrumpft, haben sich aber danach schnell wieder erholt.

---

[10]

http://de.wikipedia.org/wiki/Verm%C3%B6gensverteilung_in_Deutschland

Vermögensverteilung

Erwachsene Bevölkerung nach Zehnteln, Anteile am
Gesamtvermögen in Prozent 2002 und 2007

Gruppe	2002	2007
Reichstes Zehntel	57,9	61,1 %
zweitreichstes Zehntel	19,9	19,0 %
drittreichstes Zehntel	11,8	11,1 %
viertreichstes Zehntel	7,0	6,0 %
fünftreichstes Zehntel	2,8	2,8 %
sechstes Zehntel	1,3	1,2 %
siebtes Zehntel	0,4	0,4 %
achtes Zehntel	0,0	0,0 %
neuntes Zehntel	0,0	0,0 %
zehntes Zehntel	*-1,2*	*-1,6 %*

[11]

Entsprechend verdienen in den USA und Europa etwa 20 % der Einkommensbezieher 60 % des volkswirtschaftlichen Einkommens.

Grundbedingung für eine gesunde Volkswirtschaft ist, dass sich Angebot und Nachfrage auf dem Markt ausgleichen. Wenn zu wenige Waren im Verhältnis zur Nachfrage angeboten werden, entsteht bekanntlich eine Inflation, bei zu vielen Waren eine Deflation, die dann in eine Depression übergeht. Was bedeutet diese fundamentale Bedingung für das gegenwärtige volkswirtschaftliche, aber auch weltwirtschaftliche Verhältnis von Angebot und Nachfrage?

Im Zuge einer Wirtschaftsperiode entstehen in gleichem Umfang wie Waren und Dienstleistungen Einkommen, die wieder die

---

[11] Joachim R. Frick und Markus M. Grabka: *Gestiegene Vermögensungleichheit in Deutschland* (PDF; 276 kB). In: Wochenbericht des DIW Berlin Nr. 4/2009, S. 59.

hergestellten Güter und Dienstleistungen kaufen müssen. Wenn aufgrund der gegenwärtigen Einkommensverteilung etwa 20 Prozent aller Einkommensbezieher circa 60 % der Einkommen verdienen, dann müssen, um das Gleichgewicht von Angebot und Nachfrage auf dem Markt zu wahren, die 20 % der Einkommensbezieher auch 60 % der Einkommen wieder ausgeben, das heißt, entweder konsumieren oder investieren.

Für ihren Konsum wenden die 20 % Einkommensbezieher normalerweise nur einen Bruchteil ihrer Einkommen auf. Der Rest muss investiert werden. Zu den zu investierenden Mitteln kommen auch noch die, wenn auch pro Person niedrigeren, Ersparnisse der übrigen 90 % der Einkommensbezieher, die natürlich umso höher sind, je entwickelter eine Volkswirtschaft ist..

Unternehmer investieren direkt in reale Investitionsmittel. Die übrigen Ersparnisse werden für Aktien, Gesellschaftsanteile und Schuldverschreibungen ausgegeben oder es werden Kredite gewährt, wozu auch die Sparmittel gehören, die einer Bank zur Verfügung gestellt werden. Zur Wahrung des Marktausgleichs muss auch die auf andere übertragene Kaufkraft als Nachfrage nach Gütern und Dienstleistungen wieder auf dem Markt wirksam werden.

Nun sind Unternehmer verständlicherweise nur insoweit bereit, realwirtschaftliche Investitionen durchzuführen, soweit sie lukrative Anlagemöglichkeiten sehen. Hinzu kommt, dass das Anlageverhalten von Kapitalisten anders ist, als das von kleinen und mittelständischen Unternehmen und vermögenden Kleinstunternehmern, die sich auch über ihre Investitionen erst Vermögensverdienstmöglichkeiten schaffen müssen. Dafür bekommen Existenzgründer, weil sie über keine Sicherheiten verfügen, häufig keine Kredite und abgesehen von so genannten "Unternehmensengeln" auch keine Finanzbeteiligungen. Somit unterbleiben viele sinnvolle Investitionsmöglichkeiten. Das hat bereits dazu geführt, dass staatliche Bürgschaftsinstitutionen geschaffen wurden, die Kleinunternehmen bei der Beschaffung des Kapitals durch Bürgschaften unterstützen sollen.

Vermögende behandeln ihre finanziellen Mittel auch weniger als realwirtschaftliche Unternehmerchancen, denn als Spielgeld das in großen Stil angelegt wird. Größere Investitionen werden unabhängig von den notwendigen Innovationen auch mit überproportionalen Marketing-und Vertriebskosten belastet, die oft ein Vielfaches der realwirtschaftlichen Investitionen ausmachen können und natürlich im Falle eines Fehlschlages verpufft sind. Deswegen wird nur in solche Projekte investiert, die mindestens eine 30-prozentige Rendite versprechen. Durch Investitionen in verschiedene derartige *Start-ups* können dann Fehlschläge verkraftet werden. Es versteht sich, dass, wenn solche extremen Gewinnchancen nicht möglich sind, realwirtschaftliche Investitionen unterbleiben und die Realwirtschaft stagnieren muss.

Dabei zielen alle Investitionen letztlich auf zukünftigen Konsum. Das gilt auch für Investitionen in Maschinen und Anlagen für Investitionsgüter. Denn auch Investitionsgüter werden nur insoweit gekauft, als dadurch letztlich volkswirtschaftlich zusätzliche Konsummöglichkeiten erschlossen werden.

Fatalerweise verringern sich aber die Absatzmöglichkeiten von Gütern und Dienstleistungen mit der Verschiebung der Einkommensverteilung zu Gunsten weniger. Denn diese Verschiebung bewirkt, dass die volkswirtschaftlichen Ersparnisse steigen und die Kaufkraft für Konsumzwecke sich entsprechend verringert. Folglich muss immer mehr investiert werden für immer weniger kaufkräftige Konsumnachfrage.

Sparquote in wichtigen Industrieländern *)

Zeit	Deutschland 1)	Großbritannien	Frankreich	USA	Japan
1950	4,2	-2,1	.	7,2	.
1951	4,0	-2,0	.	8,4	.
1952	6,6	-0,1	.	8,4	.
1953	7,6	0,3	.	8,3	.
1954	8,1	-0,5	.	7,6	.
1955	7,4	0,0	.	6,9	11,9
1956	6,6	1,9	.	8,5	12,9
1957	8,8	1,5	.	8,5	12,6
1958	9,1	0,7	.	8,6	12,3
1959	9,4	1,5	.	7,6	13,7
1960	9,2	4,1	16,8	7,3	17,4
1961	9,9	6,0	16,0	8,4	18,9
1962	9,5	5,0	18,5	8,3	18,7

1963	10,7	5,4	17,6	7,8	18,0
1964	11,8	6,5	17,4	8,8	18,7
1965	12,9	6,8	18,2	8,6	19,0
1966	12,3	7,1	17,7	8,3	18,4
1967	11,8	6,4	17,9	9,5	17,6
1968	13,1	5,5	17,6	8,4	20,3
1969	13,8	5,7	16,0	7,8	20,6
1970	14,7	6,5	21,2	9,4	19,7
1971	14,4	5,0	20,8	10,1	19,6
1972	15,3	7,3	21,4	8,9	20,0
1973	14,7	8,1	21,6	10,5	22,2
1974	15,6	8,4	22,4	10,6	24,4
1975	16,2	9,2	22,6	10,6	23,4
1976	14,5	8,7	20,7	9,4	23,5
1977	13,2	7,6	21,0	8,7	21,8
1978	13,3	9,4	22,4	8,9	20,9
1979	13,9	10,9	20,8	8,9	17,7
1980	13,1	12,3	19,7	10,0	17,3
1981	13,5	12,0	19,0	10,9	18,2
1982	12,9	10,8	18,3	11,2	16,8
1983	11,3	9,0	17,5	9,0	16,2
1984	11,8	10,2	15,9	10,8	16,1
1985	11,7	9,7	15,0	9,0	15,5
1986	12,5	8,1	14,3	8,2	14,8
1987	12,7	5,4	12,5	7,0	13,0
1988	13,1	3,9	12,9	7,3	13,5
1989	12,5	5,7	13,4	7,1	13,6
1990	13,7	8,1	14,0	7,0	13,9
1991	12,9	10,3	15,0	7,3	15,0
1992	12,7	11,7	15,7	7,7	14,2
1993	12,1	10,8	15,5	5,8	13,7
1994	11,4	9,3	14,7	4,8	12,6
1995	11,0	10,3	15,9	4,6	11,9
1996	10,5	9,4	15,0	4,0	10,6
1997	10,1	9,6	15,9	3,6	10,3
1998	10,1	7,4	15,5	4,3	11,3
1999	9,5	5,2	15,2	2,4	10,0

2000	9,2	4,7	15,1	2,9	8,7
2001	9,4	6,0	15, 8	2,7	5,1
2002	9,9	4,8	16,9	3,5	5,0
2003	10,3	5,1	15,8	3,5	3,9
2004	10,4	3,7	15,8	3,4	3,6
2005	10,5	3,9	14,9	1,4	3,9
2006	10,5	2,9	15,1	2,4	3,8
2007	10,8	2,2	15,5	1,7	3,3
2008	11,2	1,7	15,3	2,7	.

Quelle: Nationale Statistische Ämter. Datenstand: August 2009. - * Ersparnis in Prozent des Verfügbaren Einkommens der privaten Haushalte; Niveau wegen unterschiedlicher Berechnungsmethoden nur bedingt vergleichbar. - **1** 1950 - 1969 Westdeutschland nach ESVG '79; 1970 - 1990 Westdeutschland nach ESVG '95; ab 1991 Gesamtdeutschland nach ESVG '95.[12]

Steigende Sparraten und entsprechend steigende Sparvolumen bedingen auch steigende Investitionen. Denn, wenn die Ersparnisse nicht investiert werden, fehlt insoweit volkswirtschaftliche Nachfrage und eine Volkswirtschaft stagniert auf dem Niveau, bis zu dem die volkswirtschaftlichen Ersparnisse zu Investitionen werden. Das bedeutet für eine Volkswirtschaft, in der nicht alle Arbeitskräfte beschäftigt sind, strukturelle Arbeitslosigkeit, die sich mit jeder Rationalisierungsinvestition noch erhöht.

Da sich das Missverhältnis von steigendem Sparvolumen zu den privaten realwirtschaftlichen Investitionsmöglichkeiten seither nicht ausgeglichen hat und nur durch steigende Staatsausgaben und Exportüberschüsse Depressionen verhindert wurden, leben wir seit den 60iger Jahren in einer *säkularen Stagnation*.

---

[12]http://www.nachdenkseiten.de/upload/pdf/091030_hinweise_sparquote.
pdf

3.2 Wie sind überschüssige volkswirtschaftlichen Ersparnissen im Verhältnis zu den stagnierenden Investitionsmöglichkeiten möglich?

Im Verhältnis zu den hergestellten und angebotenen Gütern und Dienstleistungen sind überschüssige Ersparnisse erst in der Geldwirtschaft möglich geworden, genauer gesagt mit der Entstehung der Papiergeldwirtschaft. In der reinen Tauschwirtschaft besteht das Einkommen nur in hergestellten Produkten. Davon können zwar auch Anteile für schlechtere Zeiten gespart werden. Aber dieses Sparen ist nach modernen Wirtschaftstheoriekriterien zugleich ein Investieren, wenn auch in Form einer Lageinvestition. Das gilt auch für Sparen beispielsweise von Gold oder Goldmünzen, da das Gold auch einen Sachwert hat.

Nur in einer Papiergeldwirtschaft ist es möglich, dass jemand seinen Anteil an den hergestellten Produkten in Form von in Papiergeld ausgezahlten Löhnen, Renten, Gewinnen oder wie auch immer nicht wieder ausgibt und in Papiergeldform spart.

Nach der klassischen kapitalistischen Wirtschaftstheorie konnte das nur eine vernachlässigungswerte Möglichkeit sein, konnte also nur dann auftreten, wenn jemand seine Ersparnisse nicht zur Bank bringt, sondern, wie man sagte, *in den Stumpf steckt*, das heißt zuhause aufbewahrt. Von jedem vernünftigen Menschen wird aber erwartet, dass er sein Geld investiert oder es zur Bank bringt, die es dann ihrerseits wieder verleiht und einen Teil ihrer Gewinne daraus an die Sparer in Form von Zinsen weiterreicht.

Eine so genannte *Liquiditätspräferenz*, das heißt das Parken von Papiergeld, wurde erst durch *John Maynard Keynes* als rationales Motiv in die Wirtschaftstheorie eingeführt, und zwar für den Fall sinkender Preise bei Konjunkturabschwüngen, wenn erwartet wird, dass mit dem Geld später mehr eingekauft werden kann. Das gilt auch für Investitionen. Wenn wegen eines Konjunkturabschwungs wenig investiert wird, dann sind die Zinsen niedrig. Es kann sich folglich lohnen, sein Kapital liquide zu halten und erst dann zu investieren, wenn die Konjunktur wieder anzieht und die Zinsen steigen. Auch kann es sinnvoll sein, im Hinblick auf Verluste wegen des Konjunkturabschwungs eine Liquiditätsreserve zu halten.

Aber auch in der Konjunkturtheorie ist das "Investieren in Geld", das im eigentlichen Sinne kein realwirtschaftliches Investieren ist, nur ein vorübergehendes Phänomen, das sich spätestens bei der nächsten Boomphase wieder auflöst. Nur sind die gegenwärtigen weltwirtschaftlichen Probleme kein Konjunkturphänomen, sondern struktureller Natur, das heißt, wir leiden nicht unter einer *temporären*, sondern unter einer *säkularen* Stagnation. Nach Paul Krugmann hat es seit den neunziger Jahren im eigentlichen Sinne weltwirtschaftlich keine konjunkturellen Aufschwungsphasen mehr gegeben, es sei denn man würde die *dot-com-* und Immobilienspekulationsblase als konjunkturellen Aufschwung werten.

Mit den Worten von Paul Krugmann: >>We now know that the economic expansion of 2003-2007 was driven by a bubble. You can say the same about the latter part of the 90s expansion; and you can in fact say the same about the later years of the Reagan expansion, which was driven at that point by runaway thrift institutions and a large bubble in commercial real estate.<<[13] Die Ursache dafür, dass tendenziell mehr gespart wird, als sinnvoll in realwirtschaftliche Projekte investiert werden kann, wird in der Neoklassik einfach nicht gedacht.

3.3 Tendenziell überwiegend Rationalisierungsinvestitionen vor Erweiterungs- und neue Konsumgüterinnovationen

Tendenziell überwiegen Rationalisierungsinvestitionen den Erweiterungsinvestitionen und der Produktion von neuen Konsumgütern. So begann schon die industrielle Revolution. Zunächst wurden traditionelle Fertigungen, zum Beispiel der Weber, durch mechanische und schließlich dampfgetriebene Fertigungsmethoden ersetzt, wodurch in traditionellen Handwerksbetrieben Arbeitslosigkeit und Not ausgelöst wurde.

Bei Rationalisierungsinvestitionen lässt sich leichter der Gewinn erhöhen, als durch die Entwicklung neuer Konsumwaren, und Erweiterungsinvestitionen sind nur bei zusätzlichen potentiellen Käufern sinnvoll. Bei der Entwicklung neuer Produkte muss ein größerer Entwicklungsaufwand vorhergehen. Zudem erfordert die Einführung neuer Produkte besondere Marketinganstrengungen. Bei

---

[13] Paul Krugmann: *Secular Stagnation, Coalmines, Bubbles, and Larry Summers,* in New York Times November 16, 2013.

Rationalisierungsinvestitionen wird dagegen der eingesparte Arbeitslohn unmittelbar zu Kapitaleinkünften, natürlich abzüglich laufender Abschreibungen auf Anlagen.

Wenn durch Rationalisierungsinvestitionen mehr Arbeitskräfte freigesetzt werden, als durch innovative und Erweiterungsinvestitionen wieder eingestellt werden, sinkt die Konsumnachfrage, weil Arbeitnehmer weniger verdienen und die höheren Einkommensbezieher ihren Konsum nicht entsprechend ausweiten, sondern eher sparen.

Bei reinen Rationalisierungsinvestitionen werden Arbeitskräfte durch Maschinen und produktivere Produktionsmittel ersetzt. Was die Arbeitnehmer vorher verdienten, verdienen danach Unternehmer und Kapitalgeber. Wenn diese dann ihre zusätzlichen Einnahmen nicht auch ausgeben und so die weggefallene Nachfrage der entlassenen Arbeitnehmer ersetzen, kommt es zu Depressionserscheinungen. Je weniger Investitionsmöglichkeiten in neue Produkte oder Erweiterungsinvestitionsmöglichkeiten es gibt, umso stärker ist die Depressionsgefahr.

Die Produktionskosten fallen bei nicht genügend Erweiterungsinvestitionen und Innovationen nicht nur durch die Rationalisierungsinvestitionen, sondern auch durch das Sinken der Lohnkosten, wenn es wegen allgemeiner Rationalisierungsinvestitionen zu steigender Arbeitslosigkeit kommt und dadurch das Lohnniveau sinkt. Entsprechend steigt der Einkommensanteil der Arbeitgeber und Kapitalisten am Sozialprodukt und damit tendenziell die Nachfragelücke von volkswirtschaftlicher Nachfrage und volkswirtschaftlichem Angebot.

Wie dargestellt tendierte die Wirtschaft auch nach der industriellen Revolution und dem Beginn des Kapitalismus aus ihren eigenen Entwicklungstendenzen heraus zur säkularen Stagnation. Diese Tendenz wurde aber überdeckt durch Nachfrageentwicklungen, die nicht oder nur bedingt im Einklang mit dem kapitalistischen Wirtschaftsmodell stehen.

3.4 Ausgleichmöglichkeiten der volkswirtschaftlichen Nachfragelücke durch Lohnerhöhungen, Staatsausgaben, Zunahme der Konsumentenverschuldung Kapitalexport und Kapitalverbrennung

3.4.1 Ausgleichmöglichkeiten der volkswirtschaftlichen Nachfragelücke durch Lohnerhöhungen

Bei Beginn einer Industrialisierung eines Landes wurden durch Einführung von neuen Produktionsmethoden zunächst primär Arbeitskräfte freigesetzt und kam es zu Arbeitslosigkeit, es sei denn, überschüssige Güter konnten exportiert werden. So ist es nicht ohne Bedeutung, dass zu Beginn der industriellen Revolution in den europäischen Ländern eine merkantilistische Außenwirtschaftspolitik verfolgt wurde, die den Export förderte.

Auch Japan konnte die inländische Nachfrage nach Gütern und Dienstleistungen durch Exportüberschüsse ausgleichen. Das Gleiche gilt für China, das eine weltweit bedeutende Konsumgüterproduktion aufgebaut hat und inländische Arbeitskräfte beschäftigen kann, weil die hergestellten Waren weitgehend exportiert werden können.

Soweit Produktivitätsfortschritte mit ausreichenden Lohnsteigerungen einhergehen, die überwiegend für Konsumzwecke ausgegeben werden, ist die Gefahr einer zurückbleibenden Nachfrage natürlich geringer. Zu Beginn der Industrialisierung, bei der tendenziell mehr Arbeitskräfte freigesetzt, als neue eingestellt werden, konnten wegen des Überangebotes an Arbeitskräften allgemeine Lohnerhöhungen erst durchgesetzt werden, nachdem die Arbeitnehmer sich in Gewerkschaften organisiert und höhere Löhne durch Arbeitskämpfe durchgesetzt hatten.

Seitdem die Qualifikation der Arbeitskräfte in Entwicklungsländern steigt, verlagern jedoch immer mehr Unternehmen lohnintensive Produktionen in diese Länder, zumal die sich entwickelnden Länder auch neue noch ungesättigte Märkte eröffnen. Dadurch steigt die Arbeitslosigkeit in den Industrieländern und verlieren die inländischen Gewerkschaften an Macht, höhere Löhne durchzusetzen mit der Folge, dass das Lohnniveau tendenziell auf das Lohnniveau der Entwicklungsländer sinkt.

Zunächst und primär betrifft das natürlich geringer qualifizierte Arbeitskräfte. Für höher Qualifizierte, die in Entwicklungsländern noch nicht in ausreichendem Maße gefunden werden, steigt die Bezahlung dagegen noch. So dass wir nicht nur ein steigendes Auseinanderdriften der Einkommen von Arbeitnehmern einerseits und Unternehmern und Kapitalisten andererseits zu beklagen haben, sondern auch zwischen geringer und höher qualifizierten Arbeitnehmern.

Aber auch immer mehr Fertigungen, die ein höher qualifiziertes Personal brauchen, werden verlagert und das nicht nur, weil die Arbeitnehmerqualifikation in Entwicklungsländern, und insbesondere den Schwellenländern, weiter steigt steigen wird. Länder mit großen Märkten, wie China, Indien, Brasilien und Russland, werden auf die Unternehmen der Industrieländer zunehmend Druck ausüben, auch dann qualifizierte Fertigungsbetriebe in diesen Ländern zu gründen, wenn die Fertigungskosten in diesen Ländern noch höher als in alten Industrieländern sind, der Markt aber bei Export aus den Industrieländern gefährdet ist.

Daraus folgt, dass in den Industrieländern überschüssige inländische Ersparnisse durch steigende Löhne immer weniger begrenzt und damit das Umschlagen der säkularen Stagnation in Krisen verhindert werden kann.

3.4.2 Ausgleichmöglichkeiten der volkswirtschaftlichen Nachfragelücke durch Staatsausgaben

Technisch wurden durch die industrielle Revolution ungeheure Produktionskräfte und neue Produkte möglich. Wirtschaftlich hergestellt und verkauft konnten die Produkte aber nur, wenn dafür auch Kaufkraft zur Verfügung stand. Diese Kaufkraft hatten zu Beginn der industriellen Revolution wie auch in der Zeit davor nur der Adel und bereits vorher reich gewordene Bürger. Die Kaufkraft der arbeitenden Bevölkerung fiel dagegen wegen der überwiegenden Rationalisierungsinvestitionen zunächst noch und nahm erst später zu. So waren es schon immer Reiche und insbesondere der Staat, deren Nachfrage die wirtschaftliche Umsetzung von technischen Erfindungen erst möglich machten, und sie waren von da ab auch weiterhin ein bestimmender Faktor für ausreichende volkswirtschaftliche Nachfrage. Insbesondere der Militär- und Rüstungsbedarf, dann aber auch Ausgaben für Infrastrukturbildung und schließlich Sozialausgaben machten einen großen Teil der volkswirtschaftlichen Nachfrage aus oder trieben die volkswirtschaftliche Nachfrage in Zeiten politischer Spannung und Kriegszeiten sogar über das Angebot hinaus.

Um ein zu größeres Zurückbleiben oder gar eine Verarmung der unteren Arbeitnehmer zu verhindern, musste der Sozialtransfer ausgebaut werden. Dadurch konnte auch ein allzu großes Wegbrechen der Konsumnachfrage verhindert werden.

Die wachsende Bedeutung der Staatsausgaben für die volkswirtschaftliche Nachfrage zeigt folgende Tabelle:

>>Entwicklung der Staatsquote 1900 – 1975

	Deutschland*	USA**	Großbritannien
1900	12,3		14,4
1913	15,4	8,5	12,4
1922		12,6	27,8
1927	24,8	11,7	24,1
1930	26,9	12,3	26,2
1934	34,7	19,8	24,5
1937	35,0	16,6	25,7
1950	31,3	21,3	39,0
1974	35,6	32,5	46,7
1975	38,6	35,0	

*Anteil der Ausgaben aller Gebietskörperschaften (bis 1949; unmittelbare Ausgaben; ab 1950: Gesamtausgaben) am Nettosozialprodukt zu Marktpreisen.
**Anteil der Ausgaben aller Gebietskörperschaften am Bruttosozialprodukt zu Marktpreisen.<<[14]

Laut dem Bundesfinanzministerium betrug die Staatsquote bezogen auf das Bruttosozialprodukt 1975 inklusive der Sozialversicherung (17,7 %) bereits 48,8%.[15]

---

[14] siehe: Willi Albers, Anton Zottmann: *Hdb. der Wirtschaftswissenschaften*, S. 363.
[15] Ausgaben des Staates in der Abgrenzung der Volkswirtschaftlichen Gesamtrechnungen (VGR). Ab 1970 in der Abgrenzung des Europäi-

Wenn man sich den Anteil der Staatsausgaben und des Sozialtransfers an der gesamten volkswirtschaftlichen Nachfrage und die oben angeführte der kapitalistischen Wirtschaftsentwicklung immanente Tendenz zur Stagnation vor Augen führt, müsste eigentlich jedermann klar sein, dass ohne diesen Nachfrageblock eine Wirtschaftsentwicklung nicht möglich gewesen wäre. Denn Staatsausgaben werden finanziert aus Steuern vornehmlich der oberen Einkommensschichten und durch öffentliche Verschuldung. Beide Finanzierungsmöglichkeiten bedeuten eine Kaufkraftabschöpfung und damit eine Verringerung des volkswirtschaftlichen Sparens und ihre Rückführung in volkswirtschaftliche Nachfrage. Ohne diese Abschöpfung hätte noch viel mehr investiert werden müssen, was wegen des Nachlaufens der Gewinn versprechenden Innovationen hinter den Ersparnissen nicht möglich gewesen wäre.[16]

Soweit Staatsausgaben durch Kreditaufnahme finanziert werden, steigt die öffentliche Verschuldung. So betrug 2013, um nur ein paar Beispiele zu nennen, die öffentliche Verschuldung[17] der USA auf 108 %, von Deutschland auf 81%, Großbritannien auf 88%, Frankreich auf 91% und von Japan gar auf 245 % des Bruttoinlandsproduktes.

Diese Schuldenentwicklung ist nicht unproblematisch. Denn bei der Finanzierung der Staatsausgaben mit öffentlichen Schulden kommt es zum Umlauf von Staatsanleihen, die je größer der Umlauf ist, umso weniger je zurückgezahlt werden können. Praktisch werden fällige Kredite in der Regel auch nur prolongiert, das heißt, die alten Schulden werden mit der Aufnahme neuer Schulden refinanziert. Deswegen ist die Möglichkeit der Rückzahlung von öffentlichen Schulden abhängig von der Bereitschaft der Anleger die

---

schen Systems Volkswirtschaftlicher Gesamtrechnungen (ESVG 1995), BMF - I A 4 25. Februar 2014
http://www.bundesfinanzministerium.de/Content/DE/Standardartikel/The men/Oeffentliche_Finanzen/Wirtschafts_und_Finanzdaten/Oeffentlicher _Gesamthaushalt/entwicklung-der-staatsquote-anl.pdf?
[16] Ausführlichere Darstellung der Bedeutung der Öffentlichen Hand für die Nachfrageentwicklung siehe: *Uwe Petersen: Wirtschaftsethik und Wirtschaftspolitik....*, S. 180ff.
[17] **Quelle:** © Statista 2014

Rückzahlung zu refinanzieren. Sind sie dazu nicht bereit, kommt es, wie die Erfahrung zeigt, zu Staatsbankrotten. Nur in Ausnahmefällen wird der öffentliche Schuldenstand in größerem Umfang zurückgeführt, so zum Beispiel, wenn sich Öl-Lizenz-einnahmen auftun, wie zum Beispiel in England und Norwegen bei der Erschließung des Nordseeöls.

Aber selbst wenn der Staat die Ausgaben kürzen wollte, um Schulden zurückzuzahlen, würde er damit in Zeiten säkularer Stagnation die Wirtschaft weiter abwürgen. Denn die reduzierten staatlichen Ausgaben würden bei der volkswirtschaftlichen Nachfrage wegfallen. Den Gläubigern, denen die Kaufkraft aus den zurückgezahlten Staatsschulden zufließen würde, fehlen aber alternative Anlagemöglichkeiten, so dass sich die Differenz zwischen höheren volkswirtschaftlichen Ersparnissen und volkswirtschaftlichem Angebot weiter öffnen würde.

Bei der Zunahme des Umlaufs öffentlicher Anleihen wird zu wenig berücksichtigt, dass sie praktisch keinen dinglichen Gegenwert repräsentieren. Die ihnen zu Grunde liegenden Ersparnisse werden zu Staatsausgaben und somit wieder zu volkswirtschaftlichen Konsum, sind somit als Sparmittel *verbrannt*.

Auch staatliche Investitionen sind praktisch Staatsverbrauch. Sonst müssten sie im Laufe ihrer Nutzung abgeschrieben und müssten die Abschreibungsbeträge zur Rückzahlung oder zur Erneuerung thesauriert werden. Sie werden aber wie die Anschaffung eines privaten Autos als sofortabschreibungsfähige Ausgaben behandelt. Das heißt: Die Gläubiger der Staatsschulden wähnen sich als Eigentümer von Wertpapieren vermögend, halten aber tatsächlich *Schrottpapiere*.

Soweit öffentliche Kredite aufgenommen wurden, um Banken zu retten und diese Mittel später von den Banken wieder zurückgezahlt werden, mag sich die öffentliche Verschuldung wieder etwas reduzieren. Die Summe der umlaufenden Papiere bleibt aber gefährlich hoch, gefährlich deswegen, weil damit gegen Staaten und Währungen spekuliert werden kann.

3.4.3 Ausgleichmöglichkeiten der volkswirtschaftlichen Nachfragelücke durch Kapitalexport

Für eine Volkswirtschaft ist es normalerweise wünschenswert, wenn die Ersparnisse des Landes wieder investiert werden und dadurch neue Arbeitsplätze geschaffen oder im Zuge von Rationalisierungsinvestitionen die Leistungsfähigkeit der Wirtschaft erhöht wird. Wenn sich jedoch die Einkommensverteilung in einem Lande soweit zu Gunsten weniger verschoben hat, dass die hergestellten Güter nicht mehr alle im Inland abgesetzt werden können und die Konsumnachfrage im Lande auch nicht genügend ausländische Waren und Dienstleistungen kaufen kann, dann kann es zu Exportüberschüssen kommen. Exportüberschüsse sind immer gleichbedeutend mit einer Kreditgewährung an das Ausland in Höhe des Exportüberschusses, das heißt, in Höhe des Exportüberschusses werden Kapital/Ersparnisse exportiert.[18]

---

[18] Streng genommen muss natürlich zwischen einem Kapitalexport, durch den Investitionen im Ausland finanziert werden, das heißt im Ausland Immobilien, Aktien, Unternehmen oder Anlagen für eigene Unternehmen gekauft werden, von Kreditgewährungen an ausländische Unternehmen und Staatenunterschieden werden. Im engeren Sinne verschuldet sich das Ausland nur bei Kreditaufnahmen. Wenn die Wirtschaft eines Landes, in das investiert wird, sich jedoch verschlechtert, kann sich das ausländische Kapital sehr schnell wieder aus dem Land verabschieden, wie zum Beispiel in der Asienkrise 1997/98. Dazu heißt es im Wirtschaftslexikon24.net: >> Die Asienkrise 1997/98 ist ein Beispiel dafür, wie länderspezifische und außenwirtschaftliche Ursachen zum Niedergang einer ganzen Region führen können. Währungsspekulationen, laxe Bankenaufsicht und Vetternwirtschaft (Crony Capitalism) lösten die Krise aus und führten zu einem scharfen Konjunktureinbruch in den betroffenen Volkswirtschaften (vorwiegend Thailand, wo die Krise im Sommer 1997 begann, weiterhin Indonesien, Südkorea, Malaysia, Taiwan, Philippinen und Hongkong). Inflation, Währungsverfall und wirtschaftlicher Niedergang waren die Folgen. Währungsabwertungen (z.B. in Indonesien in Höhe von 80 Prozent) führten zu Inflationsimport, zudem zogen ausländische Investoren fluchtartig Finanzmittel ab. Soziale Unruhen waren die Folge.<<
(http://www.wirtschaftslexikon24.net/d/asienkrise/asienkrise.htm)

Länder, wie zum Beispiel Deutschland und China, haben so die Möglichkeit, über ihre Exportüberschüsse überschüssige Kaufkraft durch Käufe des Auslandes zu neutralisieren. Dabei wurde aber auch viel Kapital verbrannt. So haben, wie es in einer DIW-Studie heißt, seit 1999 >>deutsche Investoren rund 400 Milliarden Euro durch schlechte Investitionen im Ausland verloren, etwa 15 Prozent des Bruttoinlandsprodukts. Von 2006 bis 2012 waren es sogar rund 600 Milliarden Euro – das sind 22 Prozent des Bruttoinlandsprodukts.<<[19] Dabei haben deutsche Investoren >>von 1999 bis 2006 200 Mrd. Euro Gewinn gemacht.<<[20] Der Verlust des Zeitraums von 1999 bis 2012 berücksichtigt diesen Anfangsgewinn.

Volkswirtschaftlich wird durch Exportüberschüsse die volkswirtschaftliche Angebots-Nachfragebilanz zwar ausgeglichen und wird dadurch ein Abgleiten in eine Wirtschaftsdepression verhindert. Weltwirtschaftlich müssen sich aber andere Länder verschulden, soweit nicht Personen oder Unternehmen aus dem Exportüberschussland im Importüberschuss Land selbst investieren. Für die Importüberschussländer erwächst daraus die Verpflichtung der Rückzahlung und Verzinsung des importierten Kapitals, wozu auch Lieferantenkredite gehören.

Wenn durch diese Zahlungen der Nettokapitalexport in den folgenden Wirtschaftsperioden verringert wird, erhöht sich in dem Exportüberschussland jedoch wieder die volkswirtschaftliche Nachfragelücke. Eine Reduzierung des Nettokapitalexport ist ohne Depressionswirkung nur möglich, wenn das Land entsprechend seine Exportüberschüsse verringert, das heißt, weniger exportiert oder mehr importiert.

Beides bedingt jedoch, dass sich die Nachfrage im Exportüberschussland erhöht. Da in einer stagnierenden Wirtschaft der Konsum wegen des relativ hohen Einkommensniveaus, aber noch mehr wegen der ungleichen Einkommensverteilung kaum genug steigen kann und auch deswegen Inlandsinvestitionen kaum ausgeweitet werden können, bleibt nur eine Erhöhung des Staatsverbrauchs, finanziert durch höhere Steuern oder höhere Verschuldung. Im letzteren Fall würden dann zum Ausgleich der inländischen Nach-

---

[19] Stefan Bach u.a.: *Deutschland muss mehr in seine Zukunft investieren*, in: DIW Wochenbericht Nr. 26.2013, S.3.
[20] Ergänzende Information des DIW auf Email-Anfrage

fragelücke Staatsausgaben an die Stelle des Kapitalexports treten. Wie schwierig der Abbau eines chronischen Exportüberschusses ist, werden wir später am Beispiel Deutschlands erörtern.

Weil durch Exportüberschüsse in einer offenen Volkswirtschaft die inländische Nachfragelücke ausgeglichen werden kann, heißt es in *Gablers Wirtschaftslexikon*: Die Argumentation für das Entstehen einer säkularen Stagnation >>erscheint für geschlossene Volkswirtschaften plausibel. In offenen Volkswirtschaften würde die überschüssige Ersparnisbildung ins Ausland abfließen, eine Abwertung der Inlandswährung hervorrufen und über eine Zunahme der Güterexporte einen expansiven Multiplikatorprozess auslösen. Ein Rückgang des inländischen Nationaleinkommens braucht dann nicht mehr aufzutreten.<<[21]

Der Einwand, dass eine säkulare Stagnation in einer offenen Volkswirtschaft nicht auftreten kann, verliert jedoch an Überzeugung, wenn alle industriellen Ländern unter einer säkularen Stagnation leiden und Entwicklungsländer trotz hoher Wachstumsraten nicht genügend überschüssige Ersparnisse binden, und zwar auch deshalb nicht, weil sie sich nicht übermäßig verschulden können. Auch gibt es in Entwicklungsländern noch aus feudalen Strukturen heraus große Vermögens- und Einkommensunterschiede, die durch *Unternehmer der ersten Stunde* (siehe in neuester Wirtschaftsgeschichte bei den osteuropäischen Oligarchen) noch enorm wachsen können, so dass also nicht einmal die Ersparnisse in diesen Ländern selbst dort voll investiert werden können und somit diese Länder auch unter Stagnationstendenzen leiden.

So waren schon die ersten Industrieländer darauf angewiesen, mehr Waren zu exportieren als zu importieren, weil im Inland für die neuen Industrien nicht genügend kaufkräftige Nachfrage vorhanden war. Das Gleiche gilt für die Entwicklung Japans und neuerdings Chinas, die beide hohe Exportüberschüsse und entsprechende Kapitalexporte brauchen, um Angebot und Nachfrage im Inland auszugleichen.

Eine säkulare Stagnation kann sich auch so auswirken, dass Fertigungsbetriebe ins Ausland verlagert werden und für freiwerdende

---

[21] Hans-Werner Wohltmann: *Säkulare Stagnation* in:
http://wirtschaftslexikon.gabler.de/Definition/saekulare-stagnation.html

Arbeitskräfte nicht genügend neue Arbeitsplätze entstehen. Die reiche Oberschicht ficht das nicht an. Sie kann ihr Geld auch im Ausland verdienen und Waren, die es im Inland nicht oder nicht mehr gibt, einführen. Abbau von Arbeitsplätzen in Verbindung mit Importüberschüssen ist die schlimmste Form der säkularen Stagnation.

3.4.4 Ausgleich der volkswirtschaftlichen Nachfragelücke durch Kapitalverbrennung

Für über die realwirtschaftlichen Investitionen hinausgehende Ersparnisse, die nicht in Staatspapieren angelegt oder als Konsumentenkredite vergeben oder als Kapitalexporte ins Ausland transferiert werden, bleibt nur der spekulative Kapitalmarkt. Die Umsätze auf dem spekulativen Kapitalmarkt bestehen im Wesentlichen aus Umschichtungen von Bestandswerten: Aktien, Immobilien, Gold, Rohstoffe, Währungen, Kunstwerke etc. Bei den Umschichtungen geht es nach Möglichkeit um die Ausnutzung von Kursdifferenzen oder es wird auf erwartete Preisentwicklungen gewettet. Mit der Zunahme der Vermögen und der handelbaren Altbestände und Wertpapiere und schließlich Derivaten verlieren die Vermögenden ohnehin ihren emotionalen Bezug zur den Sachwerten und tendiert kapitalistisches Handeln, in Gewinnmaximierungsspiele auf dem Kapitalmarkt zu entarten.[22]

Für die Summe der Anleger ist es ein Null-Summen-Spiel. Was die einen gewinnen, verlieren die anderen, es sei denn durch die Erwartungen und den Anlagedruck werden die Kurse hochgetrieben. Insoweit resultieren dann alle einen Vermögenszuwachs, der allerdings wieder verloren geht, wenn die Kurse wieder fallen.

Gewinne auf dem spekulativen Kapitalmarkt werden allerdings gemindert durch die Provisionen und Gebühren der Banken und

---

[22] Ausführlicher dazu siehe: Uwe Petersen: *Wie die Unternehmenskultur zur Shareholder Value Mentalität degenerierte und Kapitalisten zu Heuschrecken wurden*, in: Unkonventionelle Betrachtungsweisen zur Wirtschaftskrise. Von Haien, Heuschrecken und anderem Getier S.69ff. und *Die Verwandlung der Leistungsträger von großen Tieren zu Schmeißfliegen des Kapitalmarktes wurden*, in: a.a.O. S.75ff.und *Die schleichende Zerstörung der Wirtschaftsethik* in: a.a.O. S. 81ff.

Finanzdienstleister, und deren Einkommen sind erheblich, und zwar so erheblich, dass sie in den Hochphasen der Spekulation 40 % aller Unternehmergewinne in den USA ausmachten. Die Finanzdienstleister hatten dabei einen Vermögensstand erreicht, dass sie die Gewinne mit vollen Händen wieder ausgaben, die Sparrate somit auf nahezu 0 % fiel.[23] In Höhe der Vergütungen für Finanzdienstleister wurden insoweit auch wieder Ersparnisse zu Konsumausgaben, das heißt, als Kapital verbrannt. Wertsteigerungen bei Aktien, Immobilien und anderen Sachwerten wurden natürlich von manchen auch zu Erhöhung des Konsums verwandt. So haben Immobilienbesitzer während der amerikanischen Immobilienspekulationsphase in Höhe der Wertsteigerungen ihrer Immobilien Konsumentenkredite aufgenommen. Auch Realisierung von spekulativen Wertsteigerungen von Aktien dürfte zusätzlichen Konsum induziert haben. So können auf diesem Wege Ersparnisse wieder zu Konsumausgaben werden.

Kapitalverbrennung durch den Konsum der Finanzdienstleister und aus Wertsteigerungen reicht jedoch nicht aus, in Industrieländern die Nachfrage dem Angebot anzugleichen und eine relativ hohe Beschäftigung zu erreichen. Um die Wirtschaft auszulasten, muss die Nachfrage zu spekulativen realwirtschaftlichen Käufen angeregt werden. Besonders eignen sich dazu Immobilien. Aber auch die so genannte *dot-com*-Spekulationswelle, bei der in massiver Form in innovationsverdächtige junge Unternehmen investiert wurde, hat die Konjunktur belebt. Mit dem Platzen der Spekulationsblase wurden dann die überschüssigen Ersparnisse durch entsprechende Verluste kompensiert. Wenn die aufgeblähten Vermögenswerte wieder im Kurs fallen, dann zahlen die Endbesitzer auch für die dem Konsum wieder zugeflossenen Mittel.

Soweit die Kapitalanlagen aus Eigenmitteln finanziert wurden, brauchen Abwertungen von Anlagewerten die Wirtschaft nicht besonders zu treffen. Problematisch wird es jedoch, wenn die Kapitalanlagen mit Kreditmitteln finanziert wurden, die bei Abwertungen der Kapitalanlagen nicht mehr zurückgezahlt werden kön-

---

[23] Ausführlicher dazu siehe: Petersen: *Die zunehmende Finanzialisierung und Shareholder-Value-Orientierung* in: Wirtschaftsethik und Wirtschaftspolitik. Zur Überwindung der globalen Wirtschaftskrise. Von der liberalen zur sozialliberalen Wirtschaftsordnung, S. 212ff.

nen. Dann kann es, wie bei der letzten Immobilienkrise, zu erheblichen wirtschaftlichen Verwerfungen kommen, bei der auch sog. *systemrelevante* Banken gerettet werden mussten, wenn der wirtschaftliche Zahlungsverkehr nicht zum Erliegen kommen sollte.

Wegen der Notwendigkeit, Kapital wieder zu realwirtschaftlichen Käufen werden zu lassen, haben wir in Zeiten ohne Spekulationsblasen im Allgemeinen eine tendenziell depressive Wirtschaftstätigkeit, es sei denn überschüssige Ersparnisse können, wie in Deutschland, durch Kapitalexporte neutralisiert werden oder Staaten nehmen die überschüssigen Ersparnisse per Anleihen für zusätzliche Staatsausgaben vom Markt. Allerdings sind Spekulationsblasen kein Anzeichen dafür, dass die säkulare Stagnation überwunden ist. Sie verhindern nur ihr Umschlagen in eine Depression bzw. schieben das Ausbrechen weiter hinaus. Zudem wächst das in den Nachrichten immer wieder bejubelte Kursfeuerwerk

an den Börsen, bei der eine Zielmarke nach der anderen genommen wird, zugleich aber auch die Fragilität der Wirtschaft und damit die Gefahr einer weiteren Krise.

Wie bereits dargelegt, ist der Kapitalmarkt auch überflutet mit Staatsanleihen ohne dinglichen Wert. Spekulationsblasen gegen oder für ein Land können erhebliche internationale Wirtschaftsprobleme auslösen. Abwertungen von Staatsanleihen lassen die Zinsen steigen, zu dem ein Land sich neu verschulden kann oder dem Land werden keine neuen Kredite mehr gewährt, was zu einem Staatsbankrott führen kann.

Flieht das Kapital dann in besser bewertete Währungen, wie spektakulär am Beispiel in den Schweizer Franken zu beobachten war, dann muss das Land zur Devisenbewirtschaftung übergehen oder die Geldmenge soweit ausweiten, dass es nicht zu einer Verschlechterung der Exportmöglichkeiten kommt. Ohnehin sind Währungen selbst auch in großem Umfang Spekulationswerte. Dabei bedeutet Sparen in Geld unmittelbar einen entsprechenden Ausfall von Nachfrage nach realwirtschaftlichen Gütern und Dienstleistungen.

Da letztlich alle auf dem Kapitalmarkt gehandelten Anlagen, auch Aktien und Immobilien und ihre Derivate, wie auch Gold und Rohstoffe, zu eher kurzfristigen Spekulationsobjekten geworden sind, ist eine längerfristige Anlagestruktur auf dem Kapitalmarkt gar nicht mehr möglich und wird immer unmöglicher. Jede Anlage kann in jede andere umgetauscht werden mit unübersehbaren Gefahren für die Wirtschaft insgesamt. So darf keiner sich sicher fühlen, auch nicht in Deutschland.

II. Stadien der Säkularen Stagnation seit den 60iger Jahren und die wirtschaftspolitischen Maßnahmen zur Bekämpfung ihrer Symptome bei gleichzeitiger Erhöhung der Fragilität des Wirtschaftssystems

1. Beginn der modernen Säkularen Stagnation nach Auslaufen der Wiederaufbauphase

Der letzte große Nachfrageschub in Europa war in der Nachkriegszeit, als die Kriegsschäden beseitigt und der während der Kriegsjahre nicht realisierbare Bedarf gedeckt werden konnten. Die dafür notwendige Wirtschaftsstruktur war bekannt und brauchte nur wieder belebt zu werden und die Konsumenten kannten auch die während der Kriegszeit vermissten Nahrungs-und Gebrauchsgüter, so dass es keiner besonderen Marketinganstrengungen bedurfte, um neue Produkte in den Markt einzuführen. Hinzu kam, dass insbesondere in den USA während der Kriegszeit, nicht zuletzt auch angeregt durch die Militärforschung, neue Produkte und Produktionsverfahren entwickelt waren und verkauft werden konnten.

Eine Gefahr, dass zu viel von dem laufenden Volkseinkommen gespart und so dem Markt als Nachfrage entzogen wurde, bestand nicht. Im Gegenteil, die Löhne mussten niedrig bleiben, damit die Gewinne möglichst hoch ausfielen und daraus investiert werden konnte. Das war auch möglich, weil die Industrie zunächst nicht alle Arbeitskräfte wieder beschäftigen konnte und es somit keine Möglichkeit gab, höhere Löhne durchzusetzen. Auch erkannten die Gewerkschaften, dass es zunächst darauf ankam, die Produktionskapazitäten wieder zu erstellen, bevor höhere Löhne gezahlt werden konnten.

Die Nachfrage war so stürmisch, dass sie auch durch hohe Steuern nicht gebremst wurde. Dabei wurden vom Staat gar nicht alle Einnahmen wieder ausgegeben. Im Gegensatz zu der heute ständigen zusätzlichen Staatsverschuldung wurden beispielsweise in

Deutschland riesige Einnahmeüberschüsse erwirtschaftet und wurde in dieser Höhe volkswirtschaftliche Nachfrage dem Markt entzogen. >>Unter der Regierung Adenauer schaffte es Fritz Schäffer, acht Milliarden Mark (nach heutigem Wert rund 35 Milliarden Euro) auf die „hohe Kante" zu legen.<<[24] Die in der Bundesrepublik Deutschland in den Jahren 1953 bis 1957 thesaurierten Überschüsse des Bundeshaushaltes wurden *Juliusturm*[25] genannt.

Dadurch dass die USA den europäischen Ländern revolvierende Kapitalfonds nach dem *Marshall-Plan* in US-Dollar zur Verfügung stellten, konnten die europäischen Länder, deren Goldreserven als Folge des Weltkrieges wegge-schmolzen und deren Währungen international nichts wert und auch nicht konvertierbar waren, aus dem Ausland, und insbesondere aus den USA, modernste Technologiegüter einführen. Damit stützten die USA natürlich auch ihre Wirtschaft, für die nach dem Ende des Weltkrieges Rüstungs- und Kriegsbedarfs-Nachfrage weggefallen war.

Mit dem Beginn des *Kalten Krieges*, dem *Koreakrieg* und später dem *Vietnamkrieg* wurde dann die öffentliche Nachfrage in den USA, aber auch in Großbritannien und Frankreich so stark wieder belebt, dass die US-Exportüber-schüsse in Importüberschüsse umschlugen. Dadurch wurde der deutsche Export angeregt. Insbesondere in Deutschland und Japan fielen steigende Exportüberschüsse an, was gleichbedeutend ist mit zusätzlicher Nachfrage, die durch Kapitalexport, (das heißt Export von Ersparnissen) finanziert wurde.

Mit Erreichen der Vollbeschäftigung wurden dann auch höhere Löhne durchgesetzt. Dadurch stieg auch die Binnennachfrage. Als jedoch in den sechziger Jahren mehr und mehr der wesentliche Konsumbedarf gedeckt war, erhöhte sich die Sparrate und vergrößerte sich zugleich die Differenz zwischen volkswirtschaftlichen Ersparnissen und Investitionen.

---

[24] http://de.wikipedia.org/wiki/Juliusturm.
[25] http://de.wikipedia.org/wiki/Juliusturm, >>Diese Redewendung bezieht sich auf einen ca. 32 Meter hohen Wehrturm der Zitadelle Spandau [Berlin]<< Ein Teil des >>Reichskriegsschatzes[aus dem Krieg gegen Frankreich 1870/71], 120 Millionen Mark in gemünztem Gold, war bis 1914 im Juliusturm eingelagert.<<

Als trotz hoher Exportüberschüsse und entsprechendem Kapitalexport nicht mehr alle Ersparnisse voll investiert werden konnten, besann sich die Wirtschaftspolitik auf die *antizyklische Konjunkturpolitik* von *John Maynard Keynes* und erhöhte zum Ausgleich fehlender volkswirtschaftlicher Nachfrage die Staatsausgaben.

Zunächst wurden dazu die aufgelaufenen Einnahmeüberschüsse abgebaut, das heißt der *Juliusturm* geplündert. Dann nahm die öffentliche Verschuldung ständig zu. Nach der Lehre von der *Antizyklischen Konjunkturpolitik* sollen die zusätzlichen Schulden für die Erhöhung der Staatsausgaben eigentlich durch Einnahmeüberschüsse aufgrund geringerer Staatsausgaben in der erwarteten wirtschaftlichen Erholungsphase wieder ausgeglichen werden. Doch dazu kam es nicht, und zwar nicht nur deswegen nicht, weil Politiker höhere Einnahmen gern an ihre Klientel in Form von Steuerermäßigungen oder Subventionen oder aber auch für spektakuläre Bauten, mit denen sie sich ein Denkmal setzen wollen, wieder ausgeben. Wegen der zurückbleibenden allgemeinen Investitionen hinter den Ersparnissen wird die zusätzliche Nachfrage weiterhin gebraucht, das heißt: es gibt im klassischen Sinne keine ausgesprochenen Boom und Abschwungs-phasen mehr. Deswegen gibt es einen guten Grund, warum die öffentliche Verschuldung, weil Staatsaugaben nicht voll aus Staatseinnahmen finanziert werden, bis heute ständig gestiegen ist.

Betrug die Gesamtverschuldung der Bundesrepublik Deutschland 1950 noch 9,6 Mrd. €, so war sie 1960 auf 29 Mr. €, 1970 auf 64,2 Mrd. €, 1980 auf 238,9 Mrd. €, 1990 auf 538,3 Mr. €, 2000 auf 1.210,9 € und 2010 auf 2.011,7 Mrd. € gestiegen.[26] Trotz allen Geredes um eine notwendige Schuldenbremse stieg die Verschuldung bis 2012 um weitere 56,6 € auf 2,068,3 Mrd. €.

---

[26]https://www.destatis.de/DE/ZahlenFakten/GesellschaftStaat/Oeffentlic heFinanzenSteuern/OeffentlicheFinanzen/Schulden/Tabellen/SchuldenNi chtOeffentlich_Insgesamt.html

2. Stagflation

Da die klassischen Wirtschaftstheoretiker und Wirtschaftspolitiker nicht erkannten, dass sich die Wirtschaft bereits seit den sechziger Jahren in einer säkularen Stagnation befand, waren sie überrascht, dass seit Ende der Sechzigerjahre trotz inflationärer Preisentwicklung die Wirtschaft stagnierte und auch nicht durch geldpolitische Maßnahmen und eine antizyklische Ausgabenpolitik angemessen gesteuert werden konnte. Ja restriktive Geldpolitik erhöhte sogar noch unerwünschte depressive Tendenzen.

Wir haben es deswegen seit Ende der Sechzigerjahre mit einer bis dahin unbekannten Kombination von Stagnation und Inflation zu tun, wofür der Ausdruck der „Stagflation" geschaffen wurde. Entsprechend heißt es bei Wikipedia: >>Während einer Phase der Stagflation gelingt es einer Volkswirtschaft weder, die Produktionskapazitäten durch vermehrten Geldeinsatz und Krediterleichterung stärker auszulasten, noch die überhöhte Geldentwertungsrate durch ein geringeres Aktivitätsniveau zu reduzieren. Beide Ziele schließen sich gegenseitig aus und stellen insofern ein wirtschaftspolitisches Dilemma dar.

Dieses bis Ende der sechziger Jahre des 20. Jahrhunderts weltweit unbekannte Phänomen wurde erstmals 1969 in den USA und Großbritannien beobachtet. Der Begriff wurde Anfang der siebziger Jahre auch in der Bundesrepublik verwendet (Bundestagswahlkampf 1972), um eine vergleichsweise lang anhaltende wirtschaftliche Stagnation (nicht Unterbeschäftigung) und eine vergleichsweise hohe Inflationsrate zu erklären.<<[27]

Das Phänomen der säkularen Stagnation als tendenziell wachsende Differenz zwischen volkswirtschaftlichen Ersparnissen und Gewinn versprechenden Investitionen wurde weiterhin nicht verstanden, wohl aber, dass die Inflationierungsursache nicht eine allgemeine Zunahme der Nachfrage, sondern einer Erhöhung der Kosten war. Aber, obwohl Stagflation bereits >>zu Ende der sechziger Jahre in Großbritannien und den USA beobachtet<< wurde, wurde nur die Ölpreiserhöhung durch die Opec 1973 für die säkulare Stagnation verantwortlich gemacht. Die OPEC verknappte bekanntlich, wie Wikipedia schreibt, >>1973 wegen politischer

---

[27] http://de.wikipedia.org/wiki/Stagflation.

Spannungen im Nahen Osten die Ölförderung, verdoppelte damit den Ölpreis innerhalb von zwei Jahren (1973-75) und sorgte somit für eine Kostenexplosion in den westlichen Industrieländern. Die Inflationsrate in den USA verdoppelte sich 1974 nahezu (von 6 % auf 11 %). Im darauffolgenden Jahr (1975) stieg die Arbeitslosenquote der USA auf 8,4 % und hatte sich somit gegenüber dem Jahr 1973 ebenfalls fast verdoppelt (4,9 %).<<[28]

Nicht genügend beachtet wurde bei der Analyse der Stagflation die Bedeutung der steigenden Lohnkosten in dieser Zeit, die von den Unternehmern auf die Preise überwälzt wurden. Die Beschäftigung war relativ hoch, zumindest in den bedeutenden Industrieländern. Diese Länder hatten noch starke Gewerkschaften, die nicht nur die Löhne im Gleichschritt mit den Unternehmergewinnen steigen lassen, sondern darüber hinaus die Einkommensverteilung zu Gunsten der unteren Einkommensbezieher verbessern wollten und deswegen immer höhere Löhne und Arbeitszeitverkürzungen durchsetzten. Die Unternehmen reagierten darauf mit entsprechenden Preiserhöhungen, worauf die Gewerkschaften wiederum höhere Löhne durchsetzten. So kam es zu je nach Standpunkt Lohn-Preis-Spiralen oder Preis-Lohn-Spiralen.

Auch der Inflationierung durch Kostensteigerungen stand die Geldpolitik hilflos gegenüber. Denn immer, wenn sie die Geldmenge verknappte und/oder das Zinsniveau steigen ließ, löste sie Depressionserscheinungen aus und, wenn die Zentralbanken die Geldpolitik wieder lockerten, beschleunigte sich die Kosteninflation.

Auch die enormen Ölpreiserhöhungen förderten nicht nur die allgemeinen Preiserhöhungen, sondern zugleich die Stagnation. Abgesehen von dem noch zu verarbeitenden Schock, der das gesamte Preisgefüge aller von der Energie abhängigen Industriegüter betraf, bewirken sie auch eine Kaufkraftverschiebung von den Konsumenten auf die Öl exportierenden Länder. Dabei wurde dem Markt in Höhe der Ölpreissteigerungen auch Nachfrage entzogen, da die ölexportierenden Länder natürlich zunächst diese erhöhten Einnahmen nicht wieder als Ausgaben in den Markt geben konnten. Die Nachfragelücke wurde somit weltwirtschaftlich zumindest kurz- und mittelfristig noch erhöht.

---

[28] http://de.wikipedia.org/wiki/Stagflation.

Ausführlicher gehe ich auf das Phänomen der Stagflation ein in dem Buch: *Arbeitslosigkeit unser Schicksal? Wirtschaftspolitik in der Stagflation*[29].

3. Das Aufhören der in der Stagflation enthaltenen Inflation durch Deindustrialisierung

Entwicklungsländer dienten den Industrieländern zunächst nur als Rohstofflieferanten und Absatzmärkte. Als Produktionsort waren sie wegen unzureichender Qualifikation der Arbeitskräfte uninteressant. Da diese Länder mehr importierten als exportierten, wuchs trotz aller Entwicklungshilfe die Verschuldung der Entwicklungsländer. Dadurch wurden sie gezwungen, ihre Einfuhr stärker zu regulieren und forderten immer mehr, dass nur die Länder in die Entwicklungsländer importieren dürften, die auch bereit seien, in den Ländern auch selbst zu produzieren.

Relativ einfach war die Verlagerung von Lohnfertigungen, zum Beispiel der Textilindustrie in die Entwicklungsländer. Denn dazu bedurfte es nur einer geringfügigen Anleitung der Arbeitskräfte. Für höher qualifizierte Produktion wurden diese Auflagen zunächst als lästig empfunden. Dennoch, wo der Markt bedeutend genug war, mussten sich die Exporteure darauf einlassen, verlagerten aber zunächst nur Teilfunktionen. So wurden beispielsweise die Verpackung und Montage von Produkten in wichtige Entwicklungsländer verlagert. Die Pharmakonzerne gründeten in Entwicklungsländern *Konfektionsbetriebe*, die aus den Rohstoffen Pillen fertigten und sie verpackten.

Aber schon durch einfachere lohnintensive Fertigungen entwickelten sich mit der Zeit qualifiziertere Arbeitskräfte. Diese machten es wegen ihrer weit geringeren Löhne mehr und mehr interessant, auch immer qualifiziertere Fertigungen in diese Länder zu verlagern.

Im Zuge dieser Verlagerungen verringerte sich naturgemäß die Beschäftigung in den Industrieländern, insbesondere von weniger qualifizierten Arbeitskräften. Die steigende oder drohender Arbeitslosigkeit erlaubte es den Gewerkschaften deswegen immer weniger, höhere Löhne durchzusetzen, ja tendenziell fielen die

---

[29] Verlag Peter Lang Frankfurt am Main Bern New York 1985.

Einkünfte sogar im Laufe der Zeit immer weiter zurück. Zudem musste wegen billigerer Rohstoffimportmöglichkeiten in den Industrieländern der Bergbau aufgegeben werden, wodurch in Bergbauregionen, wie zum Beispiel im Ruhrgebiet und im Saarland, besonders viele Arbeitskräfte freigesetzt wurden.

Die Kostensteigerungen durch Lohn-Preis-Spiralen waren in Großbritannien besonders drastisch, da es dort keine Branchengewerkschaften wie in Deutschland gab, sondern jede Berufsgruppe ihre eigene Gewerkschaft hatte und für sich höhere Löhne durchsetzten. Durch Streiks von nur wenigen Facharbeitern innerhalb eines Betriebes konnten deswegen ganze Branchen lahmgelegt werden.

Die 1979 zur Premierministerin gewählte Margret Thatcher brach die Macht der Gewerkschaften. Wikipedia schreibt: >>Zum Schlüsselereignis wurde 1984/85 der Streik der britischen Bergarbeiter gegen die geplanten Schließungen und Privatisierungen ihrer Zechen. Der Streik dauerte ein Jahr. Die Gewerkschaft National Union of Mineworkers (NUM) hatte bald ihre Rücklagen („Streikkasse") aufgebraucht und konnte dann keine Streikgelder mehr zahlen. In der Folge verschuldeten sich viele Bergleute. Am 3. März 1985 stimmte eine Delegiertenkonferenz der NUM schließlich für das Ende des Arbeitskampfes.

Durch den „Sieg" Thatchers sank der Einfluss der englischen Gewerkschaften dauerhaft. Der Weg für weitere Reformen wie die Abschaffung des Closed Shop (gesetzlich vorgeschriebene Zwangsmitgliedschaft in Gewerkschaften für Arbeiter zahlreicher Unternehmen) und das Verbot der sogenannten *flying pickets* (Streikposten, die nicht dem bestreikten Betrieb angehören) war frei.([30]) In Thatchers erster Legislaturperiode stieg die Arbeitslosenquote in der Spitze auf drei Millionen (rund 12,5 Prozent 1983)<<[31]

---

[30] Franz-Josef Brüggemeier: *Geschichte Grossbritanniens im 20. Jahrhundert*, S.323, Verlag C.H. Beck, München 2010.
[31] http://de.wikipedia.org/wiki/Margaret_Thatcher.

In völliger Verkennung der Ursachen der Stagflation glaubte der 1980 sein Amt antretende amerikanische Präsident Ronald Reagan die Inflation durch eine restriktive Geldpolitik bekämpfen und gleichzeitig durch Steuersenkungen die Investitionsbereitschaft und damit die Wirtschaftstätigkeit anregen zu können.

Rainer Hank schreibt: >>Reagan - und sein genialer Notenbankchef Paul Volcker - befreite die Welt von der Geißel der Inflation. … Noch 1980 waren die Preise in Amerika um elf Prozent gestiegen; 1982 war die Inflation auf unter vier Prozent gedrückt. Das gab es nur um den Preis von Blut, Schweiß und Tränen, geldpolitisch übersetzt: um den Preis einer kurzen, wenngleich heftigen Rezession Anfang der achtziger Jahre, ausgelöst durch eine von Zinserhöhungen gezeichnete, schockartige Verknappung des Geldangebotes und eine Beschneidung gewerkschaftlicher Tarifmacht. Fortan waren die Arbeitnehmer nicht mehr in der Lage, mit hohen Lohnabschlüssen die Teuerung nach oben zu treiben.<<[32]

Eugene Jarecki erläutert: >>Die Reagan-Regierung senkte mit dem *Economic Recovery Tax Act of 1981* den Spitzensteuersatz der Einkommensteuer von 70 % auf 33 %. Auch die Steuern auf Veräußerungsgewinne und Unternehmenssteurn wurden reduziert. Dadurch verringerten sich die Steuereinnahmen deutlich.[33]<< Zudem wurden >>auch finanzielle Zuwendungen für Sozialprogramme … gekürzt ([34]).<<[35]

Das Ergebnis dieser Politik beschrieb *Der Spiegel* am 4.10.1982: >>Knapp zwei Jahre nach Amtsantritt hat der US-Präsident die zweite traurige Rekordmarke geschafft: Nach der Arbeitslosigkeit, die schon im Juli auf den höchsten Stand seit gut 40 Jahren kletterte, ist nun die Zahl der Firmenpleiten auf schwindelnde Höhen gestiegen: Bis zum September dieses Jahres gingen jede Woche 473 Unternehmen in Konkurs - mehr als jemals zuvor seit der gro-

---

[32] Rainer Hank: *Der amerikanische Virus*, Karl Blessing Verlag 2009, S. 46f.

[33] Office of Tax Analysis: *Revenue Effects of Major Tax Bills*. (PDF) 2003, rev. September 2006. Working Paper 81, Table 2. Abgerufen am 5. Februar 2011

[34] *Ronald Reagan - Geliebt und gehasst*, Dokumentation von Eugene Jarecki (auch online verfügbar)

[35] http://de.wikipedia.org/wiki/Reaganomics

ßen Weltdepression in den dreißiger Jahren. Allen Steuergeschenken und allen wirtschaftsfreundlichen Rahmenbedingungen zum Trotz kletterte die Pleitenzahl gegenüber dem Vorjahr um rund 50 Prozent. <<[36]

Da die Wirtschaft sich im Zustand einer säkularen Stagnation befand, das heißt, dass es im Verhältnis zu den realwirtschaftlichen Investitionsmöglichkeiten zu hohe Ersparnisse gab, schlugen die geldpolitischen Restriktionen natürlich voll durch. Durch die Steuersenkungen wurden die Überschussersparnisse noch erhöht, ohne dass sich dadurch höhere Investitionsmöglichkeiten abzeichneten. Wenn die Steuersenkungen zu geringeren Staatsausgaben geführt hätten, hätte der wirtschaftliche Einbruch noch stärker sein müssen. Doch sie wurden noch durch zusätzliche Staatsschulden erhöht. >>Unter Reagan stieg die Staatsverschuldung bis Ende 1988 um 179,6 Prozent auf 2,6 Billionen Dollar.[37] <<[38]

Der Abbau der industriellen Arbeitsplätze wurde von den damaligen britischen und amerikanischen Wirtschaftspolitikern nicht besonders bedauert. Im Gegenteil, es wurde darin sogar eine Fortentwicklung der Wirtschaft gesehen, weil sie sich im Übergang zur Dienstleistungsgesellschaft befände, das heißt die wegfallenden industriellen Arbeitsplätze durch Arbeitsplätze im Dienstleistungssektor nicht nur ersetzt, sondern sogar überkompensiert würden. So >>ist, wie Rohleder schreibt, in der Tendenz „der tertiäre Sektor im Verlauf der letzten Jahre in den USA, Japan wie auch in Deutschland zum dominierenden Wachstumsträger geworden. Im Zeitraum von 1970 bis 1975 betrug der Anteil des Dienstleistungssektors noch zwischen 59 und 64 Prozent des Wirtschaftswachstums. Dieser Anteil beläuft sich seit Anfang der neunziger Jahre in den beobachteten Ländern auf mindestens 85 Prozent, wobei er in der Bundesrepublik wie auch in Japan in der Zeit von 1990-94 mit 91 Prozent nahezu das gesamte Wachstum ausmachte."([39]).

---

[36] *Reaganomics - kein Vorbild*, http://www.spiegel.de/spiegel/print/d-14348704.html
[37] Historical Debt Outstanding – Annual 1950–2000
[38] http://de.wikipedia.org/wiki/Ronald_Reagan
[39] Christoph Rohleder: *Globalisierung, Tertiarisierung und multinationale Unternehmen - Eine international vergleichende Analyse zur Diskor-*

Dabei wurde zunächst erwartet, dass Dienstleistungen rationalisierungsresistent sind. Bernd Bienzeisler schreibt: „Ihren Anfang findet die Debatte um Dienstleistungen in der *Drei-Sektoren-Theorie*, die auf ein von Colin Clark([40]) veröffentlichtes Buch, *The Conditions of Economic Progress*, zurückgeht. Kern der Theorie ist die Hypothese, daß sich im Verlauf wirtschaftlichen Wachstums die Beschäftigung vom ersten Sektor (Landwirtschaft) zum zweiten (Industrie) und schließlich zum dritten Sektor (tertiärer Sektor, d.h. alle übrigen Leistungen) verschiebt. … Die Begründung der Theorie wird in Unterschieden der Produktivitätsentwicklung gesehen. Indem der primäre und vor allem der sekundäre Sektor durch Technisierung und Automatisierung immer höhere Produktivität erlangen können, werden Arbeitskräfte freigesetzt. Diese finden im tertiären Sektor dauerhafte Beschäftigung, da hier einerseits im Verlauf wirtschaftlichen Wachstums die Nachfrage permanent zunimmt, andererseits aber die Leistung nicht in gleicher Weise gesteigert werden kann. Wegen des gegebenen 'Uno-Actu-Prinzips' sind Tätigkeiten des tertiären Sektors in gewisser Weise 'rationalisierungsresistent'[41].“([42])

„Anknüpfend an die Drei-Sektoren-Theorie beschreibt Jean Fourastié [43] in seinem Buch ‚Die große Hoffnung des zwanzigsten Jahrhunderts' die gesellschaftlichen Transformationsprozesse. Dabei rückt er den technischen Fortschritt ins Zentrum der Argumentation: ‚Dieser [der Fortschritt, B.B.] steigert die Produktivität und wird dadurch zur Quelle des gesellschaftlichen Reichtums. Mit wachsendem Reichtum verschieben sich die Bedürfnisstrukturen und damit die Konsumpräferenzen zugunsten von Luxusgütern und Dienstleistungen. Die Dienstleistungsproduktion ist weitgehend resistent gegen den technischen Fortschritt und damit gegen Pro-

---

danz von wirtschaftlicher und politischer Entwicklung-, Kölner Dissertation 2004, S. 129.

[40] *Clark,* Colin 1940: *The Conditions of Economic Progress.*

[41] Häußermann, Hartmut / Siebel, Walter 1995: *Dienstleistungsgesellschaften*, S. 24.

[42] Bernd Bienzeisler: *Rationalisierung im Dienstleistungssektor – Strategien und Probleme*, S. 3.

[43] Fourastié, Jean 1954: *Die große Hoffnung des zwanzigsten Jahrhunderts.*

duktivitätssteigerungen, also muß ein immer größerer Anteil der Arbeitskräfte im Dienstleistungssektor arbeiten. Technischer Fortschritt und Wandel der Konsumpräferenzen bedingen somit einen Strukturwandel des Beschäftigungssystems in Richtung auf höher qualifizierte und weniger belastende Arbeit in Dienstleistungsberufen, einen Wandel der Lebensweise in Richtung auf eine humane Urbanisierung sowie einen Wandel der Bedürfnisstrukturen in Richtung auf *höhere* Ansprüche. Das Wachstum verbrauchsbezogener Dienstleistungen aufgrund steigender Konsumentennachfrage ist der entscheidende Motor für den Wandel'[44]. Der unstillbare ‚Hunger nach Tertiärem' (Fourastié 1954: 274) bewirkt schließlich, daß am Ende des Transformationsprozesses (Fourastié rechnet hier mit 200-300 Jahren) ca. 80% aller Beschäftigten in dem durch schwache Produktivitätszuwächse gekennzeichneten dritten Sektor beschäftigt sein werden. Lediglich jeweils 10% der Beschäftigung werden dann noch auf die ersten beiden Sektoren entfallen; alle Beschäftigungsprobleme werden gelöst und eine neue Qualität menschlichen Zusammenlebens wird möglich sein."([45])

Das war aber eine Fehleinschätzung. Zwar steigen mit wachsendem Lebensstandard die Ansprüche nach Dienstleistungen, wie Reisen, Gesundheitsvorsorge, Wellness, und jeder Art von Luxusbedarf. Die zunehmende Überalterung der Bevölkerung fordert den Ausbau des Pflegedienstes. Die immer komplexer werdenden gesellschaftlichen Verhältnisse und wachsenden Umweltschäden machen zusätzliche Dienstleistungen in Form von Beratung und Organisation nötig. Es entsteht eine Fülle von Medien. Der Vertrieb von Waren bedingt immer mehr Vermarktungs-know-how. Um der Dynamik der wirtschaftlichen Veränderung folgen zu können, müssen sich die Arbeitnehmer ständig fortbilden. Im Zuge der Produktionsrationalisierung werdenden Dienstleistungsbereiche, wie Rechtsabteilung, Transportdienste, Reinigung und Wachdienst, Mahnwesen etc. aus der Produktion ausgegliedert usw..

Die letzteren Dienstleistungen sind aber nicht neu. Sie werden nur aus bisherigen Produktionsbetrieben ausgegliedert. Soweit sie höherwertig sind, bleiben sie im Inland, während die Produktion

---

[44] Zit. nach Häußermann, Hartmut / Siebel, Walter 1995: *Dienstleistungsgesellschaften*, S. 36.
[45] Bernd Bienzeisler: a. O., S.4.

häufig in Billigländer verlagert wird. Insofern steigt durch diese Auslagerung im Zusammenhang mit Produktionsverlagerungen auch die Dienstleistungsintensität in den Industrieländern, d. h. bedeutet die Ausgliederung von Dienstleistungen zugleich Deindustrialisierung.

Aber Zunahme der Dienstleistungen heißt nicht, dass Dienstleistungen nicht rationalisiert werden können. Im Gegenteil durch die Computerisierung und Automatisierung bis hin zum Einsatz von Robotern erfährt die Dienstleistungsbranche, zumindest soweit es sich nicht um sehr individuelle Tätigkeiten handelt, einen mindestens ebenso großen Jobabbau wie die Industrie. Sekretärinnen, Bankangestellte, Verkäufer Telefonvermittler usw. werden durch Einsatz von Computern, Automaten und die Ausdehnung von Selbstbedienungseinrichtungen ständig verringert.<<[46]

>>Nach dem Vorbild Ronald Reagans (USA) und Margret Thatchers (Großbritannien) verfolgte die CDU/FDP Koalition unter Helmut Kohl auch eine angebotsorientierte Wirtschaftspolitik, Danach wurde die Lösung der Arbeits-losigkeit als Folge forcierten wirtschaftlichen Wachstums darin gesehen, durch Steuermäßigungen und Deregulierungen die Unternehmergewinne zu steigern.<<[47]

Wie aus folgender Tabelle ersichtlich, gelang es auch in Deutschland mit steigender Arbeitslosigkeit die Inflationsrate zu senken. Die tendenziell steigende Arbeitslosigkeit und die tendenziell sinkende wirtschaftliche Wachstumsrate zeigen aber, dass die Wirtschaft sich in einer säkularen Stagnation befindet.

---

[46] Übernommen aus. Uwe Petersen: *Wirtschaftsethik und Wirtschaftspolitik. Zur Überwindung der globalen Wirtschaftskrise. Von der liberalen zur sozialliberalen Wirtschaftsordnung*, Verlag Dr. Kovac Hamburg 2010, S.200ff. Eine noch ausführlichere Darstellung daselbst.
[47] Übernommen wie oben S. 203.

Indikatoren der wirtschaftlichen Entwicklung in Westdeutschland 1982–1988 [48], ab 1991[49], Außenhandelsbilanzen ab 1982[50]

Jahr	Inflationsrate	Wirtchaftswachstum	Arbeitslsenquote	Außenhandelsbilanz
1982	5,3	1,1	7,5	+ 26 218
1983	3.3	1,9	9,1	+ 21 520
1984	2,4	3,1	9,1	+ 27 592
1985	2,2	1,8	9,3	+ 37 505
1986	-0,2	2,2	8,9	+ 57 581
1987	0,2	1,5	8,7	+ 60 198
1988	1,2	3,7	7,9	+ 65 468
1991	3,7		(West) 6,2	+ 11 197
1997	1,9	1,7	(West) 10,8	+ 59 548
2001	2,0	1,5	(West) 8,0)	+ 95 494
2005	1,6	0,7	(West) 11,0	+ 158 179
2012	2,0	0,7	(West) 5,9	+ 189 841

Wegen der hohen und steigenden Exportüberschüsse ist die Beschäftigung in Deutschland zwar höher als in vielen anderen Län-

---

[48] Zitiert aus: Werner Zohlnhöfer und Reimut Zohlnhöfer: *Die Wirtschaftspolitik der Ära Kohl 1982–1989/90.*
Eine Wende im Zeichen der Sozialen Marktwirtschaft? Mit Verweis auf: Quellen: Statistisches Bundesamt (Arbeitslosenquote; Wirtschaftswachstum); OECD (Inflationsrate, Investitionsquote).
[49]Inflationsraten:http://de.statista.com/statistik/daten/studie/1046/umfrage/inflationsrate-ver-aenderung-des-verbraucherpreisindexes-zum-vorjahr/;ab1991:Wachstum:
http://de.statista.com/statistik/daten/studie/2112/umfrage/veraenderung-des-bruttoinlandpro-dukts-im-vergleich-zum-vorjahr/;Arbeitslosenentwicklung:
http://de.wikipedia.org/wiki/Arbeitslosenstatistik.
[50]

https://www.destatis.de/DE/ZahlenFakten/GesamtwirtschaftUmwelt/Aussenhandel/Gesamt-entwicklung/Tabellen/GesamtentwicklungAussenhandel.pdf;jsessionid=A4420E1DA7A817C21D42BB18403C1AF9.cae3?__blob=publicationFile

dern. Die Exportüberschüsse kompensieren aber zugleich fehlende inländische Nachfrage. In Höhe der Exportüberschüsse werden die über die Investitionen hinausgehenden deutschen Ersparnisse an das Ausland gegeben und kommen von dort als Nachfrage zurück. Das heißt: Ohne die Exportüberschüsse würde die deutsche Wirtschaft zusammengebrochen sein.

4. Die Finanzialisierung der Wirtschaft und ihre Pervertierung zum Spielcasino

Wirtschaften ist das Beschaffen und Verteilen von knappen Gütern. Der Mensch ist wirtschaftlich tätig, um seine Bedürfnisse zu befriedigen. Ein Bedürfnis kann dabei auch darin bestehen, ein Schloss, eine Yacht, Kunstwerke, Schätze zu besitzen. Mit der Erfindung des Geldes strebten die Menschen auch an, möglichst viel davon zu haben, insbesondere für Zeiten der Not oder größere Anschaffungen.

Geld war zunächst auch eine Ware aus wertvollem Metall, hatte also selbst einen Warenwert. In dem Umfang, wie Gold nicht mehr den Liquiditätsbedürfnissen der wachsenden Wirtschaft genügte, wurde es durch Papiergeld ergänzt und schließlich weitestgehend ersetzt.

Geld zu verleihen, um dafür Zinsen zu bekommen, war nur das Geschäft von Wucherern und Pfandleihern und galt als unmoralisch. Das änderte sich erst, als Kredite nicht mehr primär für Konsumzwecke, sondern für Investitionen vergeben wurden. Die Zinsen waren dann sozusagen ein Anteil an dem Gewinn, der mit den Investitionen angestrebt wurde.

Für größere Firmengründungen erwies es sich als sinnvoll, das Eigentum an dem Unternehmen in Teileigentum aufzuteilen und zu verbriefen. So entstanden die Aktien. Aktien konnten gehandelt werden und dafür bildete sich der Kapitalmarkt. So entwickelte sich über die realen Kauf- und Verkaufsaktivitäten die Ebene des Kaufs und Verkaufs von Besitztiteln.

Aktien lauten auf einen Nominalbetrag, der dem Anteil an der Finanzierung der Unternehmung entspricht. Je nachdem, wie die zu erwartenden Dividenden eingeschätzt werden, werden die Aktien zu einem höheren oder niedrigeren Kurs als dem Nominalwert gehandelt, so dass der Emissär oder später der Verkäufer von Aktien noch einen Kursgewinn oder Kursverlust realisieren kann bzw. muss. Da die Investitionen auch fehl gehen können, wird in den Zinssatz auch das Verlustrisiko einkalkuliert.

Zunächst verstanden sich die Anleger noch eher als Miteigentümer der Unternehmen. Die Aktien spiegelten noch mehr den Substanzwert des Unternehmens, das heißt: den Maschinenpark, die Immobilien etc. Je mehr Aktien, Firmenanleihen, Staatsanleihen aber auf dem Kapitalmarkt gehandelt wurden, umso stärker wurde die Gilde der Börsenjobber. Diese interessierten sich nur noch für den Geldwert eines Kapitalmarktpapiers. Ein Kauf einer Aktie wurde immer weniger als eine auf Dauer angelegte Firmenbeteiligung verstanden, sondern es wurde nur noch danach gefragt, wann eine Investition inklusive welcher Erträge wieder zum Anleger zurückgeflossen ist. Es wurde somit nicht primär nach dem Gewinn, sondern mehr nach dem so genannten *Cashflow* gefragt.

Der nächste Schritt war die immer stärkere Loslösung von den Substanzwerten der Unternehmen und die Reduzierung des Interesses auf die Ertragswerte. Vermutete Substanzwerte, die nicht unbedingt für die Produktion benötigt wurden oder beispielsweise geleast werden konnten, wurden ausgesondert und verkauft.

Diese zunächst primär den Börsenjobbern eigene Sichtweise auf einen kurzfristigen monetären Rückfluss ergriff immer mehr auch die Anleger und regte auch zur Gründung der so genannten *Hedgefonds* an. Nach dem sogenannten Shareholder-Value-Prinzip verpflichteten die Aktionäre auch die Geschäftsführer von Kapitalgesellschaften, weniger für den langfristigen Unternehmenserfolg, als für die Maximierung des kurzfristigen Aktienkurses zu arbeiten.

Um das Eigeninteresse der Vorstände der Kapitalgesellschaften in diese Richtung zu motivieren, wurden ihnen großzügige Boni und zusätzliche Aktienbeteiligungen an ihren Unternehmen in Aussicht gestellt. Als Folge dieser Shareholder-Value-Unternehmenspolitik stiegen die Einkünfte der Vorstände gegenüber den unteren Lohn- und Gehaltsbeziehern in einem im Verhältnis zu der geleisteten Arbeit in einem moralisch unvertretbaren großen Ausmaß.

So pervertierte die Wirtschaft in ein *Spielcasino* mit angehängter Realwirtschaft. Käufe und Verkäufe auf dem Kapitalmarkt, Umschichtungen des verbrieften Vermögens aus Aktien in andere Aktien, Anteile von Beteiligungen und Rohstofffonds, Staatsanleihen,

Währungen und schließlich darauf verbriefte Wetten erzeugten einen Liquiditätsbedarf, der weit über den Liquiditätsbedarf für realwirtschaftliche Transaktionen hinausging.

Die Notenbanken mussten diesem Liquiditätsbedarf durch ständige Ausweitung der Geldmenge nachkommen, wollten sie nicht die Kapitalmarktspiele abwürgen und damit auch die Realwirtschaft selbst. Denn, da auf dem Kapitalmarkt mehr und schneller Gewinn gemacht werden kann, als durch Warenherstellung und produktive Arbeit, werden von den Banken Kredite erst an die Realwirtschaft weitergeleitet, wenn der Liquiditätsbedarf des Kapitalmarktes befriedigt ist. Wäre die Geldmenge nur für realwirtschaftliche Transaktionen in einem solchem Ausmaß ausgeweitet worden, dann hätten wir bereits eine galoppierende Inflation. So führten sie nur zu einer Ausweitung der Kapitalmarktspiele und einer Preissteigerung von Aktien und Bestandswerten wie Immobilien Kunstwerke, Gold etc.. Diese Preissteigerungen werden aber nicht als Inflation gewertet.

Solange es eine Wirtschaft mit einem entwickelten Güteraustausch gibt, so lange gibt es auch Geld. Aber Geld hatte nur eine dienende Funktion gegenüber realwirtschaftlichen Vorgängen. In dem Maße, in dem realwirtschaftliche Zielsetzungen und Verhaltensweisen in den Hintergrund traten zu Gunsten von Geldwertoptimierungen und Kapitalmarkttransaktionen *finanzialisiert* sich die Wirtschaft. Die *Finanzialisierung* der Wirtschaft nahm verständlicherweise mit dem wachsenden Bestand an handelbaren Kapitalmarktpapieren und der Dein-dustrialisierung zu.

In Bezug auf die Deindustrialisierung wurde die Finanzialisierung sogar als Alternative gesehen. In angelsächsischer Sicht war eine Dienstleistungsgesellschaft, und insbesondere eine Finanzdienstleistungsgesellschaft, gegenüber einer Industriegesellschaft sogar ein fortschrittlicher Entwicklungsstand. Deswegen begünstigten, wie bereits erwähnt, die britische Premierministerin Margaret Thatcher (1979-1990) und der amerikanische Präsident Ronald Reagan (1981-1989) die Deindustrialisierung und insbesondere die Zentrierung der Finanzdienstleistungen in ihren Ländern.

Mit ihrer so genannten *angebotsorientierten*, letztlich kapitalbezogenen Wirtschaftspolitik glaubte Reagan gar, mit Steuersenkungen Investitionen anregen zu können. Da die Wirtschaft sich aber weiterhin im Zustand einer sich verschärfenden säkularen Stagnation befand, musste er damit zwar scheitern. Letztlich sicherte er eine ausreichende Kaufkraft aber durch eine enorme Ausweitung der schuldenfinanzierten Staatsausgaben. Zusätzlich förderte er durch die Steuer-senkungen Kapitalmarkttransaktionen und Spekulationen. Denn die ersparten Steuern erhöhten wegen mangelnder realwirtschaftlicher Investitionsmöglichkeiten natürlich das anlagesuchende Spekulationskapital.

Spätestens mit Margret Thatcher und Reagan ging dann die Stagflation in die *finanzialisierte* Wirtschaft über, das heißt in einen Wirtschaftszustand, in dem die überschüssigen volkswirtschaftlichen Ersparnisse nicht nur durch wachsende Staatsverschuldung abgeschöpft und per Staatsausgaben als Nachfrage wieder auf den realwirtschaftlichen Markt zurückgeführt werden, sondern auch immer mehr Kapital auf dem Kapitalmarkt verbrannt wird. Denn wegen des wachsenden Anlagedrucks stürzten sich die Anleger immer leichtsinniger auf mehr oder weniger unseriöse Investitionsmöglichkeiten, die ihnen gewinngeile Finanzdienstleister aufschwatzten. So entstand 1997 die dot.com- Spekulationsblase, in der neben Internetinnovationen alle möglichen sonstigen angeblich gewinnversprechende *start ups* propagiert und geglaubt wurden. Als dann 2000 die dot.com-Spekulationsblase platzte, war wiederum sehr viel Kapital verbrannt worden.

Die Wirtschaftspolitik versuchte die entstehende Depression aufzufangen. *Wikipedia* schrieb: >>Die US-Zentralbank reagiert auf die Krise und vergibt Geld an US-Banken zu sehr niedrigen Zinsraten, um Liquidität in die Finanzmärkte zu bringen. Nach dem Einbruch des Aktienmarktes wird nach neuen Anlagemöglichkeiten gesucht. Das billige Geld der US-Zentralbank führt zur Ausweitung der Kreditgewährung von Banken auch an Darlehensnehmer mit immer geringerer Bonität („Subprime-Kredite"). Kontrolle der Kreditwürdigkeit schwindet. US-Banken vergeben Verbrauchern Kreditkarten mit Niedrigzinskonditionen.<<[51]

---

[51] http://de.wikipedia.org/wiki/Finanzkrise_ab_2007

Da weltweit ein großer Teil überschüssiger Ersparnisse sich an den Spekulationen beteiligte, erlitten alle betroffenen Anleger einen erheblichen Verlust, nachdem die Spekulationsblase 2007 platzte.

III. Die Wirtschaftsentwicklung Japans als Modellfall der kapitalistischen säkularen Stagnation[52]

Bis Japan 1854 von Amerika gezwungen wurde, sich dem Welthandel zu öffnen, lebte es wirtschaftlich noch in einer dem europäischen Mittelalter entsprechenden Zunftwirtschaft. Japaner waren arbeitsam und strebten nach Reichtum. Aber in vorkapitalistischen Gesellschaften wurde nur für den Konsum gearbeitet und für die Zukunftsversorgung nur so viel, wie man an Gütern oder Wertgegenständen lagern konnte.

Nachdem sich Japan jedoch geöffnet hatte, wollte es so schnell wie möglich die westlichen Errungenschaften übernehmen, auch um seine Unabhängigkeit und internationale Position zu stärken. So wurde Japan zur ersten Industriemacht Asiens. Aus vorindustrieller Zeit haben sich die Japaner aber ihre sparsame Lebensführung erhalten. Traditionell war daher die Sparrate Japans hoch und tendenziell höher als die anderer Industrieländer. Wie aus der Tabelle auf Seite 18f. hervorgeht, betrug die Sparrate Japans in den Jahren 1955 bis 1995 vergleichsweise mit der Frankreichs zwischen 12 und 24 % und blieb auch danach höher als in Ländern wie USA, Britannien, aber auch Deutschlands.

Durch die hohe Sparquote wurden zweifellos die Realkapitalbildung und dadurch die industrielle Entwicklung Japans gefördert. Das hatte aber zur Folge, dass der Konsum in Japan hinter den Produktionskapazitäten zurückblieb. Die Nachfragelücke wurde in der frühindustriellen Entwicklung Japans durch militärische Aufrüstung geschlossen, die sicherlich auch wegen der erlebten Ohnmacht bei der gewaltsamen Öffnung Japans vorangetrieben wurde.

---

[52] Weitestgehend übernommen aus: Uwe Petersen: *Die wirtschaftliche Krankengeschichte Japans*, in: *Unkonventionelle Betrachtungsweisen zur Wirtschaftskrise II. Krankheiten des Wirtschaftssystems und Möglichkeiten und Grenzen ihrer Heilung*, S. 122ff.

Das Streben nach militärischer Macht ging dann in eine imperialistische Politik über, gefördert auch dadurch, dass Japan an Rohstoffen arm war und sich außerhalb des Landes Rohstoffquellen erschließen wollte.

Insofern ähnelte die Militarisierung der japanischen Politik der Nazideutschlands, das auch unter dem Motto "*Volk ohne Raum*" osteuropäische Länder annektieren wollte. Überhaupt machte der Japaner wie der Nazideutsche, sein Selbstbewusstsein an dem behaupteten Vorrang der eigenen Rasse fest und begann Ostasien zu unterwerfen.

Zu diesem Selbstbewusstsein gehörte auch, dass der Japaner seine Ersparnisse, soweit er sie nicht für reale Investitionen brauchte, dem japanischen Staat für seine Militarisierung zur Verfügung stellte, das heißt er japanische Staatsanleihen kaufte, so dass die öffentliche Verschuldung Japans sogar bis heute weitgehend von Japanern finanziert wurde.

Wenn man die oben angeführten Kriterien zu Grunde legt, dann litt die japanische Wirtschaft von Anfang an unter einer säkularen Stagnation, die nur deswegen nicht virulent wurde, weil japanische Staatsausgaben alles überschüssige Sparkapital absorbierten.

Nach dem Zweiten Weltkrieg wurde Japan gezwungen seine Militärausgaben zu begrenzen. Dafür wurden somit keine volkswirtschaftlichen Ersparnisse mehr gebraucht. Zugleich konnte Japan, wie Deutschland, nach dem Kriege sich das neueste technische Know-how aus den USA beschaffen und erlebte deshalb auch eine stürmische wirtschaftliche Entwicklung. Allerdings blieben die aus den gewachsenen Einkommen möglichen Konsumausgaben und Investitionen hinter den Produktionskapazitäten zurück.

Wegen der eingeschränkten Rüstung musste der Ausgleich für die nicht investierten Ersparnisse deshalb durch eine Ausweitung der Exportüberschüsse und einen entsprechenden Kapitalexport geschaffen werden. So wurde Japan zum größten Gläubiger gegenüber anderen Ländern. Dabei erreichten die Exportüberschüsse allein gegenüber den USA aber ein Ausmaß, das die USA Japan zwangen, ihre direkten und nichttarifären Importbehinderungen abzubauen. Insbesondere erzwangen die USA >>eine Aufwertung des Yen gegenüber dem Dollar, was auch mehr der wirtschaftlichen Realität entsprach. Dadurch gingen die japanischen Exporte zurück<<[53]. Damit verringerte sich jedoch nicht der Kapitalanlagedruck.

Japan hat neben einer hoch leistungsfähigen Industrie viele traditionelle Wirtschaftsbereiche und insbesondere viele Kleinbauern. German Trade & Invest schreibt: >>Die japanische Wirtschaft ist von einem deutlichen Dualismus großer, international aktiver und exportorientierter Unternehmen und einer Vielzahl kleiner und mittlerer Unternehmen, die sich in erster Linie am Binnenmarkt orientieren, geprägt. Die Großunternehmen haben häufig eine technologische Vorreiterstellung. Kleine und mittlere Unternehmen spielen eine wichtige Rolle für die Beschäftigung; dennoch hat der Mittelstand für die wirtschaftliche und gesellschaftliche Entwicklung des Landes derzeit bei weitem nicht die gleiche Bedeutung wie in Deutschland. Während Großunternehmen vom niedrigen

Yen und den wachsenden Ausfuhren profitieren, sind viele kleinere und mittlere Unternehmen nicht in der Lage, die zunehmenden Kosten für ihre Rohstoffe auf die Konsumenten abzuwälzen.<<[54]

>>Die Bedeutung des Primärsektors liegt bei 1,4% des Bruttoinlandsproduktes. Allerdings sind nach wie vor circa 5% der Arbeitnehmer in diesem Bereich beschäftigt, hauptsächlich in der stark subventionierten Landwirtschaft. Diese Zahl liegt deutlich über dem Niveau anderer entwickelter Volkswirtschaften.<<[55]

Auf diese Struktur zielte natürlich die Forderung der USA, diese Bereiche dem internationalen Wettbewerb zu öffnen. Wenn aber eine kleinbäuerliche Landwirtschaft der großflächigen Agrarproduktion Nordamerikas ausgesetzt wird, dann droht sie zerstört zu werden.

Zwar fordert eine freie internationale Marktwirtschaft, dass jeder sich auf seine Stärken besinnt und demnach auch eine weniger wirtschaftliche Agrarproduktion aufgegeben werden muss. Hier aber gerade zeigen sich die Grenzen des Marktes. Landwirtschaft

---

[53] Wirtschaftskrise in Japan, *"Die wirkliche Krise kommt noch"*, in: Das Weiße Pferd, *Ausgabe 14/98*

[54] Germany Trade & Invest: *Wirtschaftsentwicklung Japan 2007*, 27.05.2008

[55] Germany Trade & Invest

ist auch Landschaftspflege und kann deswegen nicht einfach internationaler Arbeitsteilung geopfert werden. Auch können nicht alle Menschen in Japan Industriearbeiter werden, dann würde ja der Exportüberschuss noch größer.

So stieg infolge der, wenn man so will, *Zweiten von den USA erzwungenen Marktöffnung* Japans die Arbeitslosigkeit. Arbeitslosigkeit bewirkt Lohnsenkungen oder erlaubt doch zumindest keine weiteren Lohnsteigerungen mehr, selbst wenn die Industrieproduktivität sich, nicht zuletzt auch wegen der Lohnsenkungen, erhöht.

Die Einkommensverteilung wird sich somit weiter zu Gunsten der Reichen verschieben. Daraus resultiert normalerweise wieder eine steigende Sparrate. Unter schwierigen Arbeitsbedingungen erhöht sich in Japan erfahrungsgemäß auch noch die Sparneigung der Arbeitnehmerschaft. Damit wuchs ganz allgemein der Kapitalanlagedruck und der fand gleichsam als Ersatz für den verringerten Kapitalexport als zusätzliches Ventil japanische Immobilien.

Das weiße Pferd stellte fest: >>Die Wirtschaft verlangte weiter nach der Droge Wachstum. Es begann die "Seifenblasen-Ökonomie". Unternehmen pumpten sich Geld, indem sie auf ihre Grundstücke Hypotheken aufnahmen. Mit diesem Geld kauften sie weitere Grundstücke, liehen sich darauf wieder Geld. Die ohnehin hohen japanischen Immobilienpreise stiegen ins Gigantische - neue Gelder konnten aufgenommen werden - mit denen wieder spekuliert wurde: Immobilien, Aktien, Auslandbeteiligungen. Alles ohne realen Gegenwert.<<[56]

Der Zusammenbruch der Spekulationsblase 1992 >>hinterließ bei japanischen Banken nicht mehr einlösbare Forderungen aus Krediten im gigantischen Ausmaß von etwa einer Billion Mark. ... Der Zusammenbruch des viertgrößten Wertpapierhauses Yamaichi im vergangenen November [1997] war kein Einzelfall: In den letzten Jahren brachen drei weitere Brokerhäuser und 22 Banken zusammen. Meist springt der Staat - sprich: der Steuerzahler - ein und übernimmt dann den Schaden. Die zuvor durch Spekulation gemachten Gewinne bleiben unangetastet, die Verluste werden sozialisiert.<<[57]

---

[56] Wirtschaftskrise in Japan, *"Die wirkliche Krise kommt noch"*
[57] a.a.O.

Entsprechend berichtete der japanische Botschafter: >>In Japan haben wir in den 1990er Jahren den Zusammenbruch der Bubble Economy und im Anschluss daran eine Periode der wirtschaftlichen Rezession erlebt, die auch als "verlorenes Jahrzehnt" bezeichnet wird. … Für die Garantie der Spareinlagen etwa wurden von 1996 bis 2002 rund 86,7 Milliarden Euro (ca. 10,4 Billionen Yen) an öffentlichen Mitteln aufgewendet. Und für die notleidenden Kredite wurden von 1996 bis 2005 etwa 80,8 Milliarden Euro (ca. 9,7 Billionen Yen) zum Aufkaufen dieser Kredite eingesetzt. Was die Verstaatlichung von Banken anbelangt, so wurden die Long-Term Credit Bank of Japan und die Nippon Credit Bank vorübergehend verstaatlicht. Insgesamt wurden hierfür von 1998 bis 2006 rund 103,3 Milliarden Euro (ca. 12,4 Billionen Yen) aufgewendet. Als Maßnahmen zur Ankurbelung der Konjunktur wurden im April 1998, im November 1998, im November 1999, im Oktober 2000 und im April 2001 fast jedes Jahr Konjunkturpakete mit einem Umfang von mehreren Billionen Yen verabschiedet und umgesetzt.<<[58]

Durch diese Maßnahmen, die dann auch bis heute fortgesetzt wurden und sich in einer immer weiter wachsenden öffentlichen Verschuldung niederschlugen, konnten die wirtschaftlichen Schwierigkeiten zwar abgefangen, das eigentliche wirtschaftliche Problem aber nicht gelöst werden. Die bereits 1998 von *Das weiße Pferd* gemachte Feststellung: >>Dieses Problem ist bis heute nicht aufgearbeitet.<<[59] gilt auch noch heute. Insofern kann die japanische Immobilienkrise von 1992 als Vorbild für die folgenden Immobilienkrisen bis hin zu der in den USA gelten.

Während in Japan der Kapitalanlagedruck als die eigentliche Ursache aber bereits 1998 angesprochen und seither diskutiert wird, ist er in Europa und noch weniger in den USA bisher ernsthaft in den Blick genommen. So fragte *Das weiße Pferd* bereits 1998: >>War es nur bodenloser Leichtsinn, der die Banken in der Zeit des Booms veranlasste, Kredite an jedermann zu vergeben? Ist

---

[58] Botschaft von Japan in Deutschland: *Die Internationale Finanz- und Wirtschaftskrise: Japans Beitrag zum Krisenmanagement.*
[59] Wirtschaftskrise in Japan, "*Die wirkliche Krise kommt noch*".

es nicht vielmehr das Problem jeder Bank unserer Tage, für die ständig steigende Menge an Verzinsung fordernden Geldern entsprechende Schuldner zu finden?<<[60]

Von 1998 an begann sich dann die Diskussion über Ungleichgewichtigkeiten, insbesondere auch in Bezug auf die Einkommens- und Vermögensentwicklung, in Japan zu intensivieren. >>Im Februar 2006 beantwortete Ministerpräsident *Koizumi* im Parlament Fragen zu Ungleichheiten im Einkommen und bei Vermögenswerten. Im Juli veröffentlichte das *Cabinet Office* seinen *Annual Report on the Japanese Economy and Public Finance 2006*, in dem das Problem angesprochen und analysiert wurde. ...

Öffentliche Umfragen haben gezeigt, dass sich die subjektive Wahrnehmung von Ungleichheiten ausbreitet. Im *OECD Economic Survey of Japan 2006* wurde darauf verwiesen, dass der Gini-Koeffizient[61] mittlerweile über den OECD-Durchschnitt gestiegen ist, was die relative Armut in Japan zu einer der höchsten unter den OECD-Ländern macht.[62] Zu den an der Debatte beteiligten Ökonomen gehören Prof. *Toshiaki Tachibanaki* von der *Kyoto University*, der 1998 *Nihon no keizai kakusa* (Wirtschaftliche Ungleichheit in Japan) und 2006 *Kakusa shakai - nani ga mondai nano ka* (Gesellschaftliche Ungleichheit – das Wesen des Problems) veröffentlichte, sowie Prof. *Fumio Ohtake* von der *Osaka University*, dessen Abhandlung *Nihon no fubyodo - kakusa shakai no genso to mirai* (Divergenzen in Japan: Vision und Zukunft einer ungleichen Gesellschaft) 2005 erschien. ...

Öffentliche Umfragen weisen übereinstimmend darauf hin, dass die Japaner eine gesteigerte Wahrnehmung wirtschaftlicher Unter-

---

[60] Wirtschaftskrise in Japan, a.O.

[61] Dabei handelt es sich um einen numerischen Indikator von ungleicher gegenüber perfekter Einkommensverteilung Der Koeffizient ist "0" für perfekte Gleichheit und um "1" für völlige Ungleichheit (Anhang, Tabelle 3-4, *Annual Report on the Japanese Economy and Public Finance 2006*).

[62] Das *Ministry of Internal Affairs and Communications* erklärte im November 2006, man habe Gini-Koeffizienten im *National Survey of Family Income and Expenditure 2004* auf der Grundlage des verfügbaren Einkommens berechnet und festgestellt, dass Japan auf Rang 12 unter den 24 OECD-Ländern liege, mit denen ein Vergleich möglich sei.

schiede und Ungleichheiten entwickelt haben.[63] Das gilt für die durch Unternehmensrestrukturierungen und Personalabbau zunehmenden Haushalte, denen nichtreguläre Erwerbstätige vorstehen. Die wachsende Zahl der "Freeters" und NEETs[64] ist zum Teil auf die schwierigen Beschäftigungsbedingungen für junge Erwachsene zurückzuführen. Ökonomen schenken den sich verstärkenden Ungleichheiten im Einkommen – einem Schlüsselaspekt der Debatte – große Aufmerksamkeit.

Der auf veröffentlichten Statistiken beruhende Gini-Koeffizient bestätigt eine langsame Zunahme der Einkommensunterschiede seit den 1980er Jahren. Laut japanischer Regierung lag der Hauptgrund in der wachsenden Zahl von Haushalten, zu denen ältere Menschen gehören. Ab 1999 wies der Gini-Koeffizient jedoch einen deutlichen Aufwärtstrend bei jüngeren Leuten auf. Zweifellos wird es in Zukunft Rufe nach weiteren Maßnahmen zur Diversifizierung der Erwerbsmuster geben, und man wird sich verstärkt den damit verbundenen Problemen junger Erwachsener widmen.<<[65]

Trotz dieser Diskussion wurden daraus allerdings auch in Japan keine wirtschaftspolitischen Schlussfolgerungen gezogen, so dass die *Säkulare Stagnation* in ihren Auswirkungen weiter fortwirkt. Als einziges Rezept wird immer wieder, wie heute auch in Deutschland, eine Binnenkonsumsteigerung gefordert. Laut *Das weiße Pferd* fordern westliche Stimmen gar, >>die "Konsumverweigerer" mit Inflation zum Geldausgeben zu bringen<<[66]. Aber wo soll denn diese Konsumsteigerung bei immer weiterer Verschiebung der Einkommen zu Gunsten der Reicheren herkommen.

---

[63] Anhang, Tabelle 3-10, *Annual Report on the Japanese Economy and Public Finance 2006*

[64] "Freeters" sind Personen von 15 bis 34, die als Teilzeit- oder Aushilfskräfte arbeiten. "NEETs" (Not in Employment, Education or Training, d. h. Personen "nicht in Beschäftigung, Schule oder Ausbildung") gehören der gleichen Altersgruppe an und zählen als arbeitslos.

[65] *Zunehmende Debatte über Ungleichheiten*, in: Februar 2007 Japanese Economy Division Economic Research Department JETRO, S.11 http://www.jetro.de/d/ws2006.pdf

[66] Wirtschaftskrise in Japan, a. O.

Zudem wird vergessen, >>dass die Rücklagen für viele die einzige Altersversorgung oder Absicherung gegen Arbeitslosigkeit sind.<<[67]

So bleibt nur noch die Hoffnung auf Katastrophen, die öffentliche und private Ausgaben auslösen. Doch dazu musste *Das weiße Pferd* 1998 feststellen: >>Japan hat keine DDR, die es sich einverleiben kann, um Teilen seiner Wirtschaft einen neuen "Kick" zu geben, es hat kein Euro-Projekt, keine Osterweiterung, auch keine Rüstungsindustrie, die sich woanders sehr gut eignet, überschüssiges Kapital auf Staatskosten aufzubrauchen, damit es nicht auf die Rendite drückt.<<[68] Das hat sich ja nun durch die Fukoshima Atomkrise geändert. Deshalb knüpfen sich auch bereits erste Hoffnungen auf eine Konjunkturbelebung an diese Krise. Allerdings wird diese Belebung, genauso wie seinerzeit bei den Kosten der Wiedervereinigung, von weiterer Staatsverschuldung begleitet, wie überhaupt Japan öffentliche Verschuldung und Geldvermehrung, kurz *Finanzialisierung,* wie die USA, zur Allzweckwaffe der Konjunkturstabilisierung gemacht hat.

Jedoch kommt Japan zugute, dass die öffentlichen Schulden zum größten Teil von Japanern selbst gehalten werden. Die Gefahr einer Zahlungsunfähigkeit, weil Ausländer keine öffentlichen Kredite umschulden oder neue nicht gewähren, besteht kaum, und die Japaner selbst sind noch zu staatstreu, als dass sie gegen die eigene Währung spekulieren würden. In welche heute stabile konvertierbare Währung sollten sie auch ihr Geld tauschen wollen.

Die japanische Währung ist auch weniger gefährdet als andere Währungen, weil Japan wohl nach wie zu den größten Gläubigern in der Welt gehört. Kurioserweise war der Yen sogar aufwertungsgefährdet, als Japaner wegen der Fokushimafolgen Auslandsguthaben ins Land zurückholten und dafür notwendigerweise Yen nachfragten. So kann in Japan die Einkommensverschiebung zugunsten der Reicheren fortfahren, und durch weitere Staatsverschuldung und *Finanzialisierung*, das heißt Geldschwemme, die größten Probleme aufzufangen.

Wollte Japan jedoch die strukturellen wirtschaftlichen Probleme ernsthaft lösen wollen, dann sollte es sich zunächst einmal dessen

---

[67] a. O.

[68] a. O.

bewusst werden, dass die Gläubiger der eigenen Staatsverschuldung auch in Japan leben, Japan somit durch Belastungen der Gläubiger die innerjapanische Schuld saldieren könnte, die ohnehin nur aus leeren Titeln besteht, weil das Geld, das dem Staat gegeben wurde, längst verbraucht ist und bei einem Vergleich wegen mangelnder Substanz Gläubiger normalerweise auf ihre Forderungen verzichten müssen.

Zusammenfassend kann für Japan diagnostiziert werden: Japan leidet unter:

- *Säkularer Stagnation*, und zwar trotz zusätzlich
- *Chronischer Leistungsbilanzüberschüsse* und einer der größten *Staatsverschuldung* im Verhältnis zum Bruttoinlandsprodukt in der Welt, die zusammen mit den Leistungsbilanzüberschüssen kaum ausreichen, die überschüssigen japanischen Ersparnisse zu kompensieren und wegen der Geldschwemme
- einer *Finanzialisierung*.

Japan ist somit ein klassischer Fall für die wirtschaftliche Krankheit einer *Säkularen Stagnation* und das trotz aktiver Leistungsbilanz und nahezu keiner Inflation.

B. Warum wird von der herrschenden neoklassischen Wirtschaftstheorie die gegenwärtige kapitalistische säkulare Stagnation nicht erkannt?

Carla Neuhaus berichtet: >>Krise? Welche Krise? Das fragen sich Lisa Großmann und Felix Kersting immer öfter, wenn sie im Hörsaal sitzen und ihren Professoren lauschen. „In unseren Vorlesungen kommt die Finanzkrise kaum vor", sagen sie. ...

Als vor fünf Jahren in den USA die Finanzkrise ausbrach, waren viele Volkswirte überrascht. Nur die wenigsten hatten sie vorhergesagt. Kritiker meinen, das liege auch an der Art und Weise, wie Ökonomen ausgebildet werden. Geändert haben sich die Lehrpläne an den Universitäten aber seitdem nicht. ... In Hamburg, Heidelberg und Mainz setzen sich Studenten im Arbeitskreis *Real World Economics* für die „Vielfalt ökonomischer Theorien" ein.

Mit ihrem Protest folgen die Deutschen dem Beispiel junger Amerikaner. An der Elite-Universität Harvard haben Studenten bereits 2011 für Schlagzeilen gesorgt, als sie mitten in einer Vorlesung von Gregory Mankiw einfach aufstanden und den Raum verließen. Dabei ist Mankiw einer der renommiertesten Wirtschaftsprofessoren, der unter anderem Präsident Georg W. Bush beraten hat. Seine Vorlesungen, klagten seine Studenten, seien ihnen zu einseitig. Ihre Kritik: Mankiw konzentriere sich zu sehr auf die Neoklassik. Seit Jahrzehnten ist diese Theorie der Kern dessen, was VWL-Studenten lernen. ...

Die Neoklassik geht davon aus, dass Menschen sich stets rational verhalten. Außerdem glauben die Vertreter dieser Schule an die Selbstheilungskräfte der Märkte, die nach einem Schock automatisch ins Gleichgewicht zurückfinden. Kritiker weisen das zurück – und sehen den Beleg in der Finanzkrise. Denn damit die Wirtschaft nach 2008 wieder ins Gleichgewicht kam, mussten die Staaten weltweit mit Milliardenhilfen einspringen. Genau das wäre nach dem Gesetz des Marktes aber gar nicht nötig gewesen, alles hätte sich von selbst geregelt. ...

Rückendeckung bekommen die Studenten zum Beispiel von dem deutschen Ökonomen Heiner Flassbeck. Unter Volkswirten gilt er als Außenseiter. „Es ist ein Skandal, dass an vielen wirtschaftswissenschaftlichen Fakultäten in Deutschland nur eine Theorie gelehrt wird", sagt Flassbeck. Die Studenten hätten vollkommen recht, sich gegen das bestehende Regime aufzulehnen. Den Fehler sieht er im System: Volkswirte, die Meinungen abseits des Mainstreams vertreten, hätten kaum eine Chance, eine Professorenstelle an einer deutschen Universität zu bekommen. Deshalb werde auch nichts anderes unterrichtet.

Anders sieht das Tim Adam, der an der Berliner Humboldt-Universität Unternehmensfinanzierung lehrt. „Die Neoklassik ist Schwerpunkt in Lehre und Forschung und sollte es auch bleiben", sagt er. „Sie gibt den Studenten das nötige Rüstzeug mit, um zu verstehen, was in der Wirtschaft im Normalfall passiert. Krisen sind Ausnahmezustände." Dass so wenige Volkswirte die Krise vorausgesagt hätten, liege nicht an einem Versagen der vorherrschenden Theorie. „Krisen entstehen, wenn viele Wirtschaftsteilnehmer Fehlentscheidungen getroffen haben", sagt Adam. „Es ist aber immer schwer im Voraus zu sagen, wann Leute Fehler machen. Das weiß man immer erst hinterher."<<[69]

Warum tut sich die herrschende Lehre so schwer, die säkulare Stagnation zu erkennen?

I. Individualistische Ideologie

Nach der neoklassischen Lehre ist der Mensch ein egoistisches Wesen, das nur für seinen eigenen Vorteil tätig wird. Arbeit ist Mühe und Konsum im weitesten Sinne Lebenszweck. Der Mensch arbeitet danach nur, um seine Bedürfnisse optimal befriedigen zu können.

---

[69] Carla Neuhaus: *Die Leere der Ökonomie. Professoren ignorieren bei der Ausbildung die Finanzkrise noch immer. Studenten protestieren – und unterrichten sich selbst*, in: Der Tagesspiegel Nr. 21 918 v. 5.1.2014, S. 21.

Abgeleitet wird diese Ideologie aus der darwinistischen Theorie, wonach sich jeweils die stärksten Exemplare durchsetzen, die schwächeren wegen der beschränkten Ressourcen verhungern oder sich nicht fortpflanzen können, letztes, weil die Weibchen von den stärksten Männchen usurpiert werden.

Darwins Lehre versucht die Entwicklung der Arten zu erklären. In der kapitalistischen Ideologie geht es dagegen um die Entwicklung des Individuums. Warum die Menschen im Rahmen von gesellschaftlichen Strukturen handeln, wird von der kapitalistischen Lehre nicht erklärt, es sei denn man unterstellt den Menschen die Erkenntnis, dass sie auf ihre Mitmenschen angewiesen sind und untereinander so etwas wie einen *contrat sozial* á la Rousseau geschlossen haben. Denn ohne gesellschaftliche Bezogenheit des Handelns kann es nur einen *Kampf aller gegen alle* ohne Weiterbildung und Fortschritt geben.

Die optimale Form, die individuelle Arbeit mit dem gesellschaftlichen Nutzen zu verbinden, ist nach der kapitalistischen Lehre der Markt. Vom Markt wird angenommen, dass er Nachfrage und Angebot von Produkten und Dienstleistungen so regelt, dass jeder nach seinen Leistungen seine Bedürfnisse befriedigen kann. Dabei wird jeder aus seinem Egoismus das anbieten, was er am besten kann und im Wettbewerb mit anderen auch zu einem möglichst billigen Preis verkaufen müssen.

Was in der Theorie zwar angedacht, in der Praxis aber nicht genügend berücksichtigt wird, ist, dass die optimale Abstimmung der Leistungen der einzelnen Individuum mit ihrem jeweiligen Anteil am Sozialprodukt über den Markt nur bei so genannter atomistischer Konkurrenz funktioniert. Im Laufe der Zeit ändern sich jedoch ständig die Startbedingungen der einzelnen Teilnehmer am Marktgeschehen, so dass dann die stärkeren und talentierteren mehr verdienen und zusätzlich aus ihrem Mehrverdienst Produktionsanlagen erwerben und dadurch ihren Anteil an der volkswirtschaftlichen Wertschöpfung noch weiter ausdehnen.

Soweit diese Einkommenserhöhungen den Leistungen eines Individuums geschuldet sind, mögen sie systemkonform sein. Nicht systemgerecht ist aber der Übergang der erworbenen Vermögen auf die Erben. Dadurch wachsen Individuen Einkommensmöglichkeiten zu, für die sie keine Leistung erbracht haben. Über die Generationsfolge erhöhen sich dadurch die Einkommensunterschiede zwischen den Individuen immer weiter und ändern sich entsprechend die Startbedingungen der jeweils neuen Wirtschaftsteilnehmer.

Bei der Nutzung von patentiertem Know-how ist systemgerecht geregelt, dass Patente nach Ablauf einer gewissen Frist auslaufen und somit das Know-how von da ab von allen genutzt werden kann. Auch wird versucht, durch Kartellgesetze eine Monopolisierung des Marktes und damit die Behinderung einer optimalen Preisgestaltung auf dem Markt zu verhindern. Was jedoch im Interesse des Erhalts gleicher Startchancen unterbleibt, ist eine angemessene Erbschaftssteuer, die eine zu große Diskrepanz zwischen den Einkommensbeziehern verhindert. Deswegen haben wir inzwischen eine ausgesprochen ungleiche Vermögensverteilung und damit auch ungleiche Einkommensverteilung.

Nach der quasi-biologischen Ableitung des Wirtschaftsverhaltens der Menschen dient die Arbeit nur dem Erwerb von Konsumgütern. Folglich müsste eigentlich die Arbeit so bemessen werden, dass der Mensch nur so viel arbeitet, wie er zur Deckung seiner Bedürfnisse braucht. Zu den Konsumgütern zählen natürlich auch Häuser, Schlösser, Schmuck, Kunstwerke etc. In dieser Form wurde in vorindustriellen Zeiten auch Vermögen geschaffen. Dabei mussten alle Vermögensgegenstände und auch Gold und andere Edelmetalle realwirtschaftlich geschaffen werden.

Das änderte sich mit der Erfindung des Geldes und insbesondere des Papiergeldes. Von da ab konnten Ersparnisse auch in Geld angehäuft und insoweit realwirtschaftlich erworbene Ansprüche an das Sozialprodukt nicht wieder ausgegeben werden.

Diese Möglichkeit wurde allerdings von der kapitalistischen Theorie nicht berücksichtigt. Denn diese Ideologie geht davon aus, dass Sparen Konsumverzicht ist und der Mensch dazu nur bereit ist, wenn er die Ersparnisse wieder Gewinn versprechend anlegen kann und er den daraus entstehenden Gewinn höher einschätzt, als den Verzicht auf Konsum. Deswegen müssen alle Ersparnisse immer wieder zu Investitionen werden. Damit kann sich keine Diskrepanz von Angebot und Nachfrage von Gütern auf dem Markt ergeben.

II. Unzureichende Theorie über die Entwicklung des Verhältnisses von volkswirtschaftlichem Angebot und volkswirtschaftlicher Nachfrage

In Bezug auf das Verhältnis von volkswirtschaftlichem Angebot und volkswirtschaftlicher Nachfrage unterschätzt die neoklassische Wirtschaftstheorie.

- die Nachfrage für das wirtschaftliche Marktgleichgewicht
- die Einkommensverteilung für das wirtschaftliche Marktgleichgewicht
- die Arbeitskräfte freisetzenden Rationalisierungsinvestitionen im Verhältnis zu innovativen Produktentwicklungen und Erweiterungsinvestitionen, die Arbeitsplätze schaffen.

Nach der herrschenden neoklassischen Ideologie kann es gar nicht zu einem pauschalen Ungleichgewicht zwischen Angebot und Nachfrage auf dem Markt kommen. Zwar können Produkte angeboten werden, die die Konsumenten nicht oder nicht in dieser Menge brauchen. Dann werden die Preise soweit fallen, bis auch diese Produkte verkauft sind. Entsprechend fehlen dann andere Güter, die dann im Preis steigen. Als Folge davon werden die Unternehmer das Angebot ihrer Produkte den Marktgegebenheiten anpassen. Das ist natürlich ein ständiger Prozess.

Auch Sättigungserscheinungen sind nach der neoklassischen Ideologie nur in Bezug auf bestimmte Produkte denkbar. So kann man nur beschränkt Brot oder Kartoffeln essen. Prinzipiell soll der Konsumbedarf der Menschen aber unersättliche sein. Zwar kann der Mensch nur das wünschen, was er kennt. Deswegen müssen neue Produkte genügend propagiert werden. Insofern ist ausreichendes Marketing eine Voraussetzung für Wachstum. Aber dafür werden die Unternehmer, die neue Produkte entwickelt haben, schon sorgen.

Bleibt die Frage: Woher kommt mit dem Angebot neuer Produkte auch die Kaufkraft, die die neuen Produkte nachfragen kann? Diese zusätzliche Kaufkraft schafft sich nach dem *Sayschem Theorem* das Angebot selbst. Denn, wenn neue Produkte hergestellt werden, entstehen natürlich in Form von Löhnen, Gehältern, Kapitaleinkünften, Renten etc. auch die Ansprüche an diese Produkte.

Da Unternehmen die Investitionen und das Marketing für Produkte betreiben, gelten Unternehmen nach der neoklassischen angebotsorientierten Wirtschaftspolitik als diejenigen, die im besonderen Sinne zu fördern sind. Die angebotsorientierte Wirtschaftspolitik wurde Mitte der Achtzigerjahre in den USA unter Reagan und in Großbritannien unter Margret Thatcher entwickelt und wurde dann zum Leitfaden für die Wirtschaftspolitik aller Industrieländer.

Nach dieser Ideologie lassen sich Stagnationstendenzen nur durch Stärkung der Investitionsmöglichkeiten der Unternehmer und Anleger überwinden. Dazu wurden Steuersenkungen, insbesondere auch für die oberen Einkommensbezieher empfohlen, damit sie mehr investieren können. Die Kreditgewährungsmöglichkeiten der Banken wurden dereguliert und das Lohnniveau wurde gesenkt. Allgemeine Lohnsenkungen wurden gefördert in den USA und Großbritannien durch Schwächung der Gewerkschaften, in Deutschland durch die verschiedenen Formen von Lohnsubventionen in Kombination mit Einschränkungen der Arbeitslosenunterstützung, die Arbeitnehmer zwingen, auch zu prekären Löhnen zu arbeiten.

Wenn nicht alle Arbeitnehmer beschäftigt sind, dann kann es nach der angebotsorientierten Wirtschaftsideologie nur daran liegen, dass die Löhne dieser Personengruppen zu hoch sind und folglich entweder prekäre Arbeitsverhältnisse nicht möglich sind oder Produkte aus Niedriglohnländern importiert oder Produktionskapazitäten dahin verlagert werden. Zwar hofft die angebotsorientierte Wirtschaftspolitik darauf, dass das Lohnniveau in den Entwicklungsländern mit der Zeit auch steigt und irgendwann weltweit auch die unteren Einkommensschichten höhere Löhne erhalten. Faktisch drückt sie jedoch in den Industrieländern das Lohnniveau auf das Niveau der Entwicklungsländer herab mit erheblichen sozialen Folgen für die Industrieländer, deren gesamte Wirtschaftsstruktur keine so niedrigen Löhne wie in Entwicklungsländern zulässt. Unter den Maximen eines totalen Wettbewerbs gibt es zu dieser Absenkung des Lohnniveaus in den Industrieländern natürlich keine Alternative, die Frage ist nur, ob die Globalisierung so weit getrieben werden darf, dass Einkommens- und Gesellschaftsstrukturen der einzelnen Länder dabei zerstört werden dürfen.

Entscheidend ist aber, dass die angebotsorientierte Wirtschaftspolitik unberücksichtigt lässt:

- dass die Konsummöglichkeiten zwar steigerungsfähig sind,
  dennoch die Zunahmemöglichkeiten des Konsums sich im
  Laufe der Entwicklung verringern, so dass mit steigendem
  Einkommen tendenziell immer mehr gespart wird bei zu-
  rückbleibendem Konsumbedarfszuwachs.

- dass nach dem *Sayschen Theorem* die Kaufkraft zwar mit
  steigendem Angebot entsprechend wächst, es jedoch darauf
  ankommt, wer die Kaufkraft erwirbt.
  Es wurde schon dargelegt, dass tendenziell arbeitsplatzfrei-
  stellende Rationalisierungsinvestitionen höher sind, als innovative und Erweiterungsinvestitionen. Rationalisierungsinvestitionen bedeuten aber, dass Lohneinkünfte zu Unter-
  nehmens- und Kapitalerträgen werden, das heißt, die zusätzlichen Einkünfte primär bei hohen Einkommensbeziehern anfallen, somit eine Umverteilung stattfindet von Einkommensbeziehern mit hoher Konsumrate zu Gunsten solcher mit einer niedrigeren Konsumrate. Deswegen, aber
  auch wegen der ungleichen Einkommensverteilung steigt
  dann das volkswirtschaftliche Sparaufkommen umso stärker, ohne dass zu erwarten ist, dass sich in gleichem Umfang zusätzliche innovative und Erweiterungsinvestitionen
  zeigen.

- Die Bedeutung der Staatsausgaben für den Ausgleich der
  Angebots-Nachfragebilanz.
  Schon in vorkapitalistischen Zeiten bestimmte die Nachfrage des Adels nach Waffen und Luxusbedarf die Produkti-
  onsentwicklung. Nach der Aufhebung der Leibeigenschaft
  wurden dann keine Realabgaben mehr erhoben, sondern der
  Staat beschaffte sich die Mittel zur Finanzierung seines Be-
  darfs durch Steuern und Kreditaufnahme.
  Wer die Faktoren der wirtschaftlichen Entwicklung in den
  Industrieländern nicht einseitig aus der Unternehmerper-
  spektive analysiert, sondern auch die öffentlichen Ausgaben berücksichtigt, muss deren Bedeutung für das marktwirtschaftliche Gleichgewicht erkennen. Denn wir haben
  einen Staatsanteil an der volkswirtschaftlichen Nachfrage

von um die 45 %. Davon ist ein großer Anteil Sozialausgaben - im Bundesetats 38,6 % und zusammen mit Ausgaben für das Gesundheitssystem 50,5 %.[70] Die hohen Sozialtransfers sind die Folge der einseitigen Einkommensverschiebung zu Gunsten der Unternehmer und Kapitaleigner im Laufe der wirtschaftlichen Entwicklung.

Die öffentlichen Ausgaben sind nicht nur weitgehend konjunkturunabhängig, sie sind, was die Sozialausgaben betrifft, sogar antizyklisch, das heißt sie steigen, wenn die Arbeitseinkommen sich verringern oder wegfallen. Soweit Sozialtransfers aus Versicherungsleistungen finanziert werden, mindert sich entsprechend die volkswirtschaftliche Sparrate, soweit dafür Staatsschulden aufgenommen werden, werden überschüssige Sparmittel abgeschöpft und wieder der volkswirtschaftlichen Nachfrage zugeführt. Seit Einführung allgemeiner Sozialversicherung und Arbeitsförderungsmaßnahmen fällt deswegen auch bei Rationalisierungsinvestitionen die Konsumnachfrage nicht zu stark ab, so dass die Stagnationserscheinungen leicht übersehen werden.

Obwohl eine Sparquote, die die realwirtschaftlichen Investitionsmöglichkeiten übersteigt, durch Steuersenkungen noch weiter steigen würde, senkte die angebotsorientierte Wirtschaftspolitik auch für höher Verdienende die Steuerlast, wie in beiliegender Tabelle für einzelne Länder repräsentativ dargestellt.

---

[70] Bericht des Tagesspiegels Nr. 21872, v. 17.11.2013, S. 5. Quelle Bundesfinanzministerium

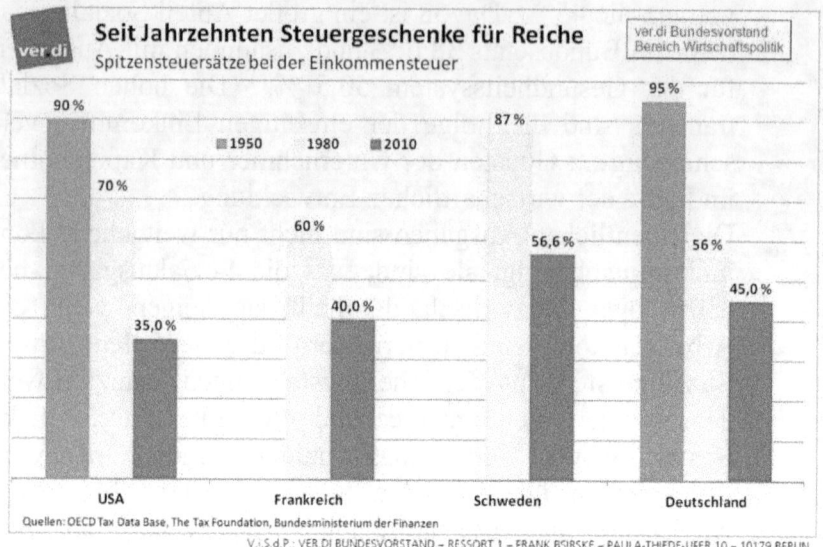

Seit Jahrzehnten Steuergeschenke für Reiche
Spitzensteuersätze bei der Einkommensteuer

ver.di Bundesvorstand
Bereich Wirtschaftspolitik

■1950   1980   ■2010

USA — 90%, 70%, 35,0%
Frankreich — 60%, 40,0%
Schweden — 87%, 56,6%
Deutschland — 95%, 56%, 45,0%

Quellen: OECD Tax Data Base, The Tax Foundation, Bundesministerium der Finanzen

V.i.S.d.P.: VER.DI BUNDESVORSTAND – RESSORT 1 – FRANK BSIRSKE – PAULA-THIEDE-UFER 10 – 10179 BERLIN

Eindeutiger kann nicht dokumentiert werden, wie wenig die herrschende Wirtschaftstheorie die säkulare Stagnation versteht.

Würde man die Ursachen der säkularen Stagnation erkennen, dann müsste man die Thesen des Nobelpreisträger *Paul Krugman* befolgen, wie die *Deutsche Mittelstands Nachrichten* schreiben. >>Er will die Einkommenssteuer auf 91 Prozent erhöhen. Dies sei nur fair und der einzige Weg zum Wachstum.

Der Erfolg der amerikanischen Wirtschaft nach dem zweiten Weltkrieg zeige, dass Wohlstand möglich ist, „ohne die Arbeiter zu erniedrigen und die Reichen zu verhätscheln", schrieb Nobelpreisträger Paul Krugman am Sonntag in der New York Times. Er schwärmt von den 50er Jahren. Damals betrug der Spitzensteuersatz 91 Prozent, und die Gewerkschaften waren viel mächtiger als heute. „Das können wir wieder so machen", fordert der einflussreiche Ökonom. Die Reichen müssten wieder ihren „fairen Anteil" beitragen und die Arbeiter „anständige Löhne" bekommen. Nur dies führe zu Wohlstand.

In den 1950er Jahren lag der Spitzensteuersatz bei 91 Prozent, und die Steuereinnahmen aus Unternehmensgewinnen waren gemessen am Bruttoinlandsprodukt doppelt so hoch wie heute. „Auch waren die Steuern nicht die einzige Last, die reiche Unternehmer zu ertragen hatten", ergänzt Krugman. Starke Gewerkschaften hätten damals über eine Verhandlungsmacht verfügt, die heute schwer vorstellbar sei. Sie verhandelten mit der Unternehmensführung auf Augenhöhe. Diese Umstände hätten zu wirtschaftlichem Wachstum geführt, von dem alle profitiert hätten, schwärmt der Ökonom. Allerdings seien die Führungskräfte der 50-er Jahre im Vergleich mit heute „relativ verarmt" gewesen.

Das sei heute völlig anders: Die Unternehmer hätten Landhäuser, „Armeen von Dienern" und große Yachten, kritisiert Krugman. Und wer politisch dagegen vorgehen wolle, dem schlage „‚Sozialismus'-Geschrei" entgegen. Die von Barack Obama im Wahlkampf angedrohten „bescheidenen Steuererhöhung auf hohe Einkommen" wurden von seinem Herausforderer als schädlich für die Wirtschaft bezeichnet. Doch den Befürwortern niedrigerer Steuern widerspricht der Nobelpreisträger vehement.<<[71]

Diese falsche Steuersenkungspolitik wurde auch in Deutschland praktiziert, wobei man den einzelnen Staaten natürlich zugutehalten muss, dass sie wegen des ruinösen internationalen Wettbewerbs mit immer niedrigeren Unternehmenssteuern auch gegen die Abwanderung von Unternehmensleitungen kämpfen mussten.

Margit Schratzenstaller schreibt: >>Der Körperschaftsteuersatz bei Gewinnthesaurierung, der seit 1977 bei 56 Prozent gelegen war, war bereits 1990 auf 50 Prozent und 1994 weiter auf 45 Prozent gesenkt worden. 1999 erfolgte eine Reduktion auf 40 Prozent (42 Prozent einschließlich Solidaritätszuschlag), 2001 auf 25 Prozent (26,4 Prozent einschließlich Solidaritätszuschlag). Für ausgeschüttete Gewinne wurde der Körperschaftsteuersatz 1994 auf 30 Prozent reduziert; 2001 wurde er an jenen für einbehaltene Gewinne (26,4 Prozent einschließlich Solidaritätszuschlag) angeglichen, auf Anteilseignerebene wurde das Halbeinkünfteverfahren eingeführt.

Die rot-grünen Unternehmenssteuersenkungen ([72]) beinhalteten neben der Reduktion des Körperschaftsteuersatzes weitere Entlastungsmaßnahmen: die Einführung der Körperschaft- und Gewerbesteuerfreiheit für Gewinne aus der Veräußerung von Anteilen durch Kapitalgesellschaften sowie für Dividendenausschüttungen zwischen Kapitalgesellschaften bei wesentlichen Beteiligungen

---

[71]Deutsche Mittelstands Nachrichten | 25.11.12, http://www.deutsche-mittelstands-nachrichten.de/2012/11/48396/

[72] Vgl. zu Details Bach 2001 oder Schratzenstaller 2002

und die Erleichterung der Bildung körperschafts- und gewerbesteuerlicher Organschaften. Schon 1998 war durch die Vorgängerregierung im Rahmen des Gesetzes zur Fortsetzung der Unternehmenssteuerreform die Anwendung der Gewerbekapitalsteuer beendet worden, sodass die Gewerbesteuer zu einer größtenteils ertragsabhängigen und damit wesentlich stärker konjunkturabhängigen Steuer geworden ist. 2008 wurde der Körperschaftsteuersatz auf sein jetziges Niveau von 15 Prozent verringert und die Gewerbesteuermesszahl ([73]) von fünf Prozent auf 3,5 Prozent reduziert. Für den kombinierten Unternehmenssteuersatz (Körperschaftsteuersatz für Gewinnthesaurierung bzw. allgemeiner Körperschaftsteuersatz einschließlich Solidaritätszuschlag sowie Gewerbesteuer) bedeutete dies eine Senkung von 60 Prozent Ende der 1970er Jahre auf 38,9 Prozent ab 2001 und etwa 30 Prozent ab 2008. Die Maßnahmen zur Verbreiterung der steuerlichen Bemessungsgrundlage (u. a. Einführung einer Zinsschranke, Einschränkungen bei Abschreibungen, Verbreiterung der gewerbesteuerlichen Bemessungsgrundlage durch diverse Hinzurechnungen) sorgten nur für eine partielle Gegenfinanzierung der steuersatzsenkungsbedingten Einnahmeausfälle.

Für den unternehmerischen Bereich ist auch der Einkommensteuerspitzensatz auf gewerbliche Einkünfte, der für Personenunternehmen gilt, relevant. Er wurde von 56 Prozent Ende der 1970er Jahre auf 47,5 Prozent (einschließlich Solidaritätszuschlag) gesenkt (seit 2007), wobei zwischen 1994 und 2001 ein ermäßigter Spitzensteuersatz für gewerbliche Einkünfte gewährt wurde. Mit der Unternehmenssteuerreform 2008 wurde ein ermäßigter Steuersatz auf einbehaltene Gewinne in Höhe von 28,25 Prozent (bzw. 29,8 Prozent einschließlich Solidaritätszuschlag) eingeführt, Personenunternehmen zahlen also bei Einbehaltung der Gewinne statt eines Spitzensteuersatzes von 47,5 Prozent denselben Unternehmenssteuersatz wie Kapitalgesellschaften. Berücksichtigt man zudem, dass seit 2001 die Personenunternehmen die Gewerbesteuer de facto vollständig im Rahmen der Einkommensteuer anrechnen

---

[73] Der Gewerbeertrag (nach Abzug des Freibetrages) wird mit der Gewerbesteuermesszahl multipliziert, um so die Bemessungsgrundlage für die Gewerbesteuer zu erhalten.

können, ([74]) so fällt die Reduktion des Steuersatzes auf die Gewinne der Personenunternehmen somit ebenso deutlich aus wie bei der Körperschaftsteuer.<<[75]

>>Mit der Steuerreform 2000 wurden unter anderem in mehreren Schritten der Einkommensteuerspitzensatz und der Eingangssteuersatz gesenkt (…).. Der Spitzensteuersatz, der seit den 1950er Jahren zwischen 53 Prozent (bis 1974 und ab 1990) und 56 Prozent (1975 bis 1989) betragen hatte, wurde bis 2005 auf 42 Prozent reduziert. Gleichzeitig wurde zwischen 2000 und 2004 die Spitzeneinkommensgrenze, ab der dieser Spitzensteuersatz greift, von 58.643 Euro auf 52.151 Euro (inzwischen leicht erhöht auf 52.882 Euro seit 2010) abgesenkt. 2007 wurde für zu versteuernde Einkommen über 250.000 Euro (so genannte zweite Proportionalzone – „Reichensteuer") jährlich ein (zusätzlicher) Spitzensteuersatz von 45 Prozent eingeführt; diese zusätzliche Spitzeneinkommensgrenze beläuft sich aktuell auf 250.731 Euro.

Auch der Eingangssteuersatz wurde seit Ende der 1990er Jahre in mehreren Schritten deutlich gesenkt. Bis 1994 hatte er stets zwischen 19 Prozent und 22 Prozent gelegen; für den Zeitraum 1995 bis 1998 war er auf 25,9 Prozent erhöht worden. Zwischen 1999 und 2005 wurde er schrittweise auf 15 Prozent reduziert, seit 2009 beträgt er 14 Prozent. Parallel wurde der Grundfreibetrag, der schon 1996 mehr als verdoppelt worden war (von 2.871 Euro auf 6.184 Euro), zur Erfüllung verfassungsrechtlicher Vorgaben zwischen 1998 bis 2004 in jährlichen Schritten bis auf 7.664 Euro angehoben. 2009 und 2010 fanden weitere Anhebungen auf 7.834 Euro bzw. 8.004 Euro statt. Die Steuersatzsenkungen wurden teilweise durch die Einschränkung oder vollständige Abschaffung von Steuervergünstigungen (u. a. diverse Sonderzahlungen für Arbeitnehmer, häusliches Arbeitszimmer, private Steuerberatungs-

---

[74] Durch die Einführung eines Anrechnungsfaktors für die Gewerbesteuer auf die Einkommensteuer von 1,8 2001, der 2008 auf 3,8 erhöht wurde.

[75] Margit Schratzenstaller: Für einen produktiven und solide finanzierten Staat Determinanten der Entwicklung der Abgaben in Deutschland, Studie im Auftrag der Abteilung Wirtschafts- und Sozialpolitik der Friedrich-Ebert-Stiftung, in: WISO Diskurs Januar 1913, S. 20.

kosten, Eigenheimzulage, Sparerfreibetrag) gegenfinanziert. Insgesamt wurden jedoch die privaten Haushalte im Rahmen der Einkommensteuer erheblich entlastet.([76])

Neben der Reduzierung der tariflichen Einkommensbesteuerung im Rahmen des progressiven Einkommensteuertarifs bringen auch die Herausnahme der Kapitaleinkünfte aus der progressiven Einkommensbesteuerung im Jahr 2009 und die Einführung einer proportionalen Abgeltungssteuer von 25 Prozent steuerliche Entlastungen mit sich.<<[77]

Auch Deutschland sah sich natürlich gezwungen, an der Steuersenkungsrally teilzunehmen. Sich dagegen zu wehren, erfordert neue Initiativen die dem ruinösen Steuersenkungswahn Einhalt gebieten. Durch ihre Steuersenkungen hat auch Deutschland zur Schwächung der volkswirtschaftlichen Nachfrage beigesteuert.

Die angebotsorientierte Wirtschaftspolitik hat allenfalls durch Kapitalverbrennung bei Kapitalmarktspielen und Spekulationen ihren Beitrag zum Ausgleich der volkswirtschaftlichen Angebot/Nachfrage-Bilanz erbracht. Dass die krisenhaften Erscheinungen, insbesondere in den USA, sich im Rahmen hielten, ist insbesondere der enorm steigenden öffentlichen Verschuldung während der Reagan-Administration zuzuschreiben, die überschüssige Sparmittel per Staatsausgaben wieder in den realwirtschaftlichen Kreislauf zurückgeführt hat.

---

[76] Vgl. zu einer ausführlichen Darstellung und Einschätzung Seidel 2001: Seidel, B. 2001: *Die Einkommensteuerreform*, in: Truger, A. (Hrsg.): Rot-grüne Steuerreformen in Deutschland. Eine Zwischenbilanz, Marburg, S. 21- 46

[77] Margit Schratzenstaller a.O., S. 18f.

III. Unverständnis für die Rolle des Geldes in einer primär kapitalmarktorientierten Wirtschaft

Die kapitalistische Ideologie geht davon aus, dass Ersparnisse, weil Konsumverzichte knapp sind, nur gegen eine Zinspräferenz angeboten werden. Der Zins spiegelt dann die relative Knappheit der Ersparnisse, wobei natürlich auch das Risiko, das Geld zu verlieren, mit in die Zinshöhe eingeht.

Bezüglich der Geldpolitik geht die neoklassische Wirtschaftstheorie davon aus, dass sich wirtschaftliche Aufschwünge und Abschwünge abwechseln und die Zentralbanken extremen Ausschlägen in Form von inflationären oder deflationären Entwicklungen durch Zinserhöhungen und Geldmengenbeschränkungen beziehungsweise Zinssenkungen und Geldmengenausweitung nur gegensteuern müssen. Als Ergebnis würden sich danach Zins-und Geldmengenausschläge kompensieren, soweit nicht die Geldmenge deswegen steigen muss, weil wirtschaftliches Wachstum den Liquiditätsbedarf erhöht. Eine säkulare Stagnation, wie wir sie seit Ende der Wiederaufbauphase erleben und bei der der Zinssatz seit Jahren nie so niedrig war, ohne einen Investitionsschub auszulösen, kommt in der neoklassischen Wirtschaftstheorie nicht vor. Folglich gibt es darauf auch keine wirtschaftspolitischen Verhaltensmuster. Insbesondere wird nicht realisiert, dass heute die Masse des Geldes für Kapitalmarkttransaktionen und -Spekulationen benötigt wird.

Durch Spekulationen werden Aktien, Immobilien, Rohstoffe etc. tendenziell immer weiter nach oben getrieben. Entsprechend steigt der Bedarf an Liquidität. Wird diesem steigenden Liquiditätsbedarf durch die Zentralbanken nicht Rechnung getragen, dann müssen die Spekulationen zusammenbrechen.

Zur Bekämpfung depressiver Tendenzen verbilligten die Zentralbanken weltweit ständig das Zinsniveau und fluteten die Wirtschaft mit Geld. So auch die Europäische Zentralbank.

Nach neoklassischer Wirtschaftspolitik ist jedoch auch der gesetzliche Rahmen für die Geldpolitik der Europäischen Zentralbank geregelt. Deswegen ist verständlich, wenn man schwerwiegende Bedenken hat gegen ein wenn für nötig befundenes unbegrenztes Aufkaufen von Staatspapieren der Eurozone durch die

EZB und darin auch eine indirekte nicht erlaubte Staatsfinanzierung sieht. Wenn die gekauften oder aufzukaufenden Staatspapiere auch noch von Krisenländern der Eurozone stammen, dann übernimmt die EZB auch noch die Risiken einer Abwertung, und diese Risiken tragen dann letztlich alle Mitgliedsstaaten der Eurozone. Das heißt: mit dem Aufkauf von Not leidenden Staatspapieren belastet die EZB die Mitgliedstaaten und greift so auch in die Haushaltskompetenz der Parlamente der Mitgliedstaaten ein.

Wenn wir uns entgegen den neoklassischen Interpretationen der Wirtschaftsprobleme in einer säkularen Stagnation befinden und das Ausbrechen von Krisen nur durch steigende Liquidisierung der Wirtschaft und auch die Zahlungsunfähigkeit einzelner Staaten und damit der Euro nur durch das Aufkaufen der Staatsanleihen dieser Staaten durch die EZB verhindert werden können, dann würde sich die Eurozone einen Bärendienst erweisen, wenn sie dem EZB Präsidenten Draghi mit seiner Versicherung, alles zu tun, um die Eurozone zu retten, in den Rücken fällt. Denn, wie Holger Zschäpitz von der letzten Davos-Konferenz berichtet: >>Gefühlt die Hälfte der Wirtschaftselite hält die Deflation und nicht die Inflation inzwischen für das deutlich größere Risiko in Europa, darunter etwa Deutsche-Bank-Chef Anshu Jain, Nobelpreisträger Joseph Stiglitz oder der Wirtschaftsprofessor Michael Porter.

Einer sieht die Deflation schon auf der Türschwelle angekommen. "Die EZB muss jetzt handeln, um ein Abgleiten zu verhindern", sagte Berkeley-Professor Barry Eichengreen der "Welt". "Ist die Abwärtsspirale erst einmal in Gang gekommen, ist es zu spät."<<[78]

Tatsächlich hat Draghis Erklärung Spekulationen gegen die maroden Länder und auch die Eurozone insgesamt beruhigt. Wegen des Anlagedrucks der überschüssigen Ersparnisse erreichte Draghi damit sogar, dass das an sich noch immer sehr schwache Griechenland wieder auf dem Kapitalmarkt Schulden aufnehmen kann, und zwar obwohl

---

[78] Holger Zschäpitz, Davos: *Deflationsgefahr. Geldhistoriker warnt vor fataler Abwärtsspirale* DIE WELT 24.01.14, http://www.welt.de/finanzen/article124170432/Geldhistoriker-warnt-vor-fataler-Abwaertsspirale.html

- die griechische Arbeitslosigkeit einen Rekordstand erreicht hat
- das Haushaltsdefizit zwar 12,7 Prozent vom Bruttoinlandsprodukt (BIP) betrug, >>wie die europäische Statistikbehörde Eurostat am Mittwoch [23.4.2014] im Luxemburg bekannt gab<<, wenn auch davon >>der größte Teil auf das Konto von Kapitalspritzen für die griechischen Banken<<[79] geht, und damit
- die Staatsverschuldung >>von 157,2 Prozent des BIP 2012 auf 175,1 Prozent im vergangenen Jahr, den mit Abstand höchsten Wert aller Euro-Staaten<<[80] stieg.
- Gerd Höhler und Christopher Ziedler schreiben: >>Viele Ökonomen glauben, dass Griechenland auch mit niedrigeren Zinsen und längeren Kreditlaufzeiten nicht aus der Schuldenfalle herauskommt, sondern einen drastischen Schuldenschnitt braucht.<<[81]

Verkauft wird diese Möglichkeit, dass Griechenland wieder Schulden aufnehmen kann, von den Wirtschaftspolitikern als wieder gewonnenes Vertrauen der Anleger in das Schuldenland Griechenland. Wirklich vertrauen sie aber darauf, dass notfalls über die EZB die gesamte Eurozone für die Rückzahlung der griechischen Schulden garantiert. Die Erklärung der Zentralbank verpflichtet alle Länder der Eurozone für die griechischen Schulden zu haften, eine staatsrechtlich wie völkerrechtlich sehr bedenkliche Vergemeinschaftung der Schulden.

Hinzu kommt, dass die Länder der Eurozone indirekt auch die erhöhten Zinsen zahlen, die die Anleger für neue griechische Anleihen bekommen. Denn, durch die Umschichtung von beispielsweise deutschen Schuldtiteln gegen griechische, kann der Kurs für die deutschen Papiere fallen, so dass auch Deutschland sich später nur zu höheren Zinsen verschulden kann. Wenn schon die europäi-

---

[79] Gerd Höhler und Christopher Ziedler: *Wacklige Angelegenheit. Griechenland vermeldet erstmals seit vielen Jahren wieder einen Einnahmenüberschuss – doch Zinsen sind dabei herausgerechnet. Ist die Euro-Krise überstanden?* in: DER TAGESSPIEGEL Nr.22025 vom 24.4.2014, S.2.
[80] Gerd Höhler und Christopher Ziedler: a.O.
[81] a.O.

sche Zentralbank letztlich für die griechischen Schulden haftet und Griechenland die Möglichkeit eröffnet werden soll, zusätzliche Schulden aufzunehmen, dann wäre es besser, wenn die aufzunehmenden griechischen Kredite direkt von der Europäischen Zentralbank zu günstigen Zinsen gewährt würden. Damit wäre Griechenland noch besser gedient und warum sollen Anleger davon profitieren, dass Europa für Griechenland haftet?

>>Die EZB hatte auf dem Höhepunkt der Finanzkrise Ende 2011 und Anfang 2012 bereits mit zwei jeweils gut 500 Milliarden Euro schweren Liquiditätsspritzen das Finanzsystem geflutet. Damals hatten die Banken einen Gutteil des Geldes aber in als sicher angesehene Staatsanleihen investiert - was zwar die Staaten und die Banken stützte, aber zu keinen neuen Krediten führte.<< [82] Weil für die Europäische Zentralbank in einer florierenden Wirtschaft das Preisniveau jährlich etwa um 2 % steigen sollte, befürchtet sie, dass das Preisniveau noch weiter sinkt und es zu einer Deflation kommt.

Da die EZB aber feststellte, dass das Geld nicht in die Hände der Realwirtschaft kam, sondern nur Kapitalmarktspiele beflügelte,

- sollen Geschäftsbanken einen Strafzins zahlen, wenn sie überschüssige Liquidität bei der Europäischen Zentralbank parken[83] und

- will sie den Geschäftsbanken in größerem Umfang Zentralbankmittel nur dann zur Verfügung stellen, wenn diese sie an die Realwirtschaft weitergeben.

Durch geldpolitische Maßnahmen kann zwar auf die Spekulationen der Anleger Einfluss genommen werden, die angebotsorientierten Neoklassiker - und diese Ideologie beherrscht auch die Ideologie der Europäischen Zentralbank - erwarten aber zu Unrecht, dass durch diese Maßnahmen auch die Realwirtschaft angekurbelt werden kann. Denn Neoklassiker argumentieren immer nur von

---

[82] http://www.tagesschau.de/wirtschaft/ezb-leitzins-100.html
[83] Um ihre Zahlungsfähigkeit nicht zu gefährden, aber auch um aufgrund von Vorgaben der Europäischen Zentralbank, müssen die Geschäftsbanken bestimmte Relationen einhalten zwischen gewährten Krediten und Barreserven. Deswegen neigen sie dazu, zwar die billigen Zentralbankkredite in Anspruch zu nehmen, dann aber alle freien Mittel über Nacht auf ihrem Zentralbankkonto zu parken.

der Angebotsseite her und danach müssten alle Kostensenkungen und somit auch Zinssenkungen Investitionen fördern. Da die Nachfrage, insbesondere in den Industrieländern aber auch aufgrund ungleicher Einkommensverteilung bei den Kaufkräftigen weitgehend gesättigt ist, können weitere Zinsensenkungen keine realwirtschaftlichen Investitionen auslösen, zumal das Zinsniveau historisch einmalig niedrig ist.

Aber die Europäische Zentralbank scheint auch wie wohl noch die Mehrheit der Wirtschaftspolitiker die Deflation weiterhin nach angebotsorientierter Wirtschaftspolitik behandeln zu wollen und hat offensichtlich noch nicht erkannt, dass die Ursache eine strukturelle Nachfrage ist, das heißt, dass wir eine säkulare Stagnation haben. Das heißt: Die EZB hofft durch die gezielte Kreditgewährung an die Geschäftsbanken zur Weitergabe an die Realwirtschaft und die abermals gesenkten Zinsen, die Nachfrage nach Konsum- und Investitionsgütern anregen zu können.

Was die Konsumnachfrage angeht, scheint die EZB davon auszugehen, dass die Nachfrage wesentlich von den Preiserwartungen bestimmt wird. Das bedeutet, dass es eine Deflation, also eine Abwärtsspirale der Preise, dann geschieht, >>wenn Verbraucher und Investoren den Eindruck haben, die Preise könnten bald noch niedriger sein und deshalb ihre Ausgaben verschieben.<< [84] Im Umkehrschluss heißt das: Hätten wir einen inflationäre Preisentwicklung, so würde die Nachfrage angeregt. Preisentwicklungserwartungen sollen somit für wirtschaftliches Wachstum oder nicht verantwortlich sein. Eine engstirnige Argumentation!

Die erwarteten Preisveränderungen müssten für einzelne Produkte schon sehr massiv sein, um Bürger dazu zu veranlassen, Nachfrage vorzuziehen oder zu verschieben. In Übrigen würden vorgezogene Käufe, soweit es sich nicht um Lebensmittel oder Reisen handelt, später ausfallen, die mittelfristige Nachfragelücke sich insgesamt somit nicht verringern.

Entscheidender Bestimmungsfaktor für die volkswirtschaftliche Nachfrage ist vielmehr die Entwicklung und Verteilung der Kaufkraft und das heißt die Einkommensverteilung. Bei gegebener Einkommensverteilung und den Sättigungsgraden der einzelnen Einkommensgruppen kann die Zentralbank durch Verbilligung der

---

[84] http://www.tagesschau.de/wirtschaft/ezb-leitzins-100.html

Zinsen die Konsumnachfrage nicht anregen. Im Gegenteil, soweit das Zinsniveau für kleine Sparer gesenkt wird, kann die Konsumnachfrage sogar zurückgehen. Für welche in den Industrieländern ungesättigte Konsumkaufkraft - ich sage nicht Bedarf, sondern Kaufkraft - sollen Unternehmer denn zusätzlich investieren? So ist zu erwarten, dass die zusätzlichen Mittel nicht genügend abgerufen werden oder doch auch wieder nur Kapitalmarktspiele beflügeln.

Entsprechend kritisieren der Sparkassenverband und der Gesamtverband der Versicherungswirtschaft: >>"Statt der erhofften Impulse für die Wirtschaft in den Krisenländern werden durch die erneute Zinssenkung die Sparer in ganz Europa weiter verunsichert und Vermögenswerte zerstört", sagte der Präsident des Deutschen Sparkassen- und Giroverbandes, Georg Fahrenschon. Die Maßnahmen machten die Finanzmärkte auch nicht stabiler - "im Gegenteil, das überreichliche Geld quillt schon jetzt aus allen Ritzen und sucht sich immer riskantere Anlagemöglichkeiten." Auch die deutsche Versicherungsbranche kritisierte, die Beschlüsse seien "ökonomisch genau das falsche Rezept". "Denn die niedrigen Zinsen lösen kaum noch Wachstumsimpulse aus", sagte der Präsident des Gesamtverbands der Versicherungswirtschaft, Alexander Erdland.<<[85]

Dirk Elsner bezweifelt sogar, dass die Begrenzung der Weitergabe der zusätzlichen Zentralbankkredite an die Realwirtschaft funktioniert, und befürchtet dadurch eine >>weltweit kritisierte Finanzierung über "Schattenbanken".<< Elsner erläutert dazu: >>Unter Schattenbankensystem werden verschiedenste Aktivitäten und Akteure außerhalb des Bankensystems zusammengefasst. Nach Darstellung der Deutschen Bundesbank (siehe dazu "Das Schattenbankensystem im Euro-Raum", S. 18) umfasst das Schattenbankensystem alle Akteure und Aktivitäten, die an der Kreditintermediation außerhalb des regulären Geschäftsbankensystems beteiligt sind. Meist werden darunter Finanzierungen über bestimmte Zweckgesellschaften, Investmentfonds, Hedgefonds, Private-Equity-Gesell-schaften, Versicherungen und Pensionseinrichtungen verstanden. Tatsächlich fallen aber unter die Definition der Bundesbank auch Kredite zwischen Unternehmen.

---

[85] http://www.tagesschau.de/wirtschaft/ezb-leitzins-100.html

Eigentlich sollten Nichtbanken nach der Darstellung der Bundesbank keinen Zugang zur Zentralbankliquidität erhalten. Genau die erhalten sie aber tendenziell durch die oben stehenden Maßnahmen. Damit fördert die EZB die Fragmentierung des Finanzsystems und verlagert Risiken in den Privatsektor und übernimmt sie in die eigenen Bilanzen. Unternehmen übernehmen immer mehr Bankfunktionen. Und aus Sicht der sich finanzierenden Unternehmen dürfte ein Lieferantenkredit oder die Investitionsfinanzierung durch die Konzernmutter oft deutlich attraktiver, schneller und unbürokratischer sein als eine Bankfinanzierung.<<[86]

Was durch zusätzliche Geldschwemme und weitere Absenkung des Zinsniveaus allerdings erreicht werden kann, ist eine Förderung von Kapitalmarktspiele und Spekulationsblasen. Dadurch wird auf dem Kapitalmarkt auch Kapital verbrannt.

Soweit Staatsanleihen gezeichnet werden, werden die Ersparnisse über Staatsausgaben wieder zur volkswirtschaftlichen Nachfrage. Immobilienspekulation, die nicht nur die Werte von bestehenden Immobilien erhöhen, sondern Neubau auslösen, werden zu Investitionen und, soweit steigende Anlagewerte zu weiterer Konsum und Luxusausgaben verführen, wird ebenfalls Sparkapital verbrannt. Durch Letztere werden zudem noch niedriger Einkommensbezieher und relativ Verarmte dazu verführt, zusätzliche Ausgaben durch Konsumentenkredite zu finanzieren. Insofern tragen die Geldmengenvermehrung und die Zinssenkungen auch zur Verringerung der Nachfragelücke bei und verhindern das Ausbrechen von Krisen.

Am wirksamsten sind eine expansive Geldpolitik und Zinssenkung, wenn auch zusätzliche Staatspapiere angeboten werden, das heißt die Staaten sich weiter verschulden. Das geschieht immer noch, weil die öffentlichen Ausgaben in den meisten Ländern nicht durch ausreichende öffentliche Einnahmen finanziert werden. Da Staatsausgaben aber zur Verringerung der öffentlichen Schuldenlast gesenkt werden sollen (Schuldenbremsen!) wird auch die Kapitalverbrennung über Staatsausgaben gebremst, was die Krisenan-

---

[86] Dirk Elsener: *Wie die neue EZB-Politik Schattenbanken fördert*, in: THE WALL STREET JOURNALL vom 20.6.2014
http://www.wsj.de/article/SB100014240527023049118045796358520 14191932.html

fälligkeit der Weltwirtschaft natürlich erhöhen muss. Von Neoklassikern werden Schuldenreduzierungen jedoch nur als Wirtschaftskonsolidierung gewertet.

Von Wirtschaftswissenschaftlern wie Larry Summers und Paul Krugman, die bereits erkannt haben, dass sich die Weltwirtschaft in einer säkularen Stagnation befindet, wird nun die Förderung von Spekulationsblasen geradezu als Programm zukünftige Wirtschaftspolitik in Zeiten säkularer Stagnation proklamiert. Larry Summers argumentiert dabei wie folgt: >>In den zurückliegenden 50 Jahren hat die FED die kurzfristigen Zinsen in jeder Rezession gesenkt, um das Wirtschaftswachstum anzukurbeln. Nun sind die Zinsen nahe Null und die Erholung ist weiterhin anemisch. Die Ersparnisse übersteigen die Investitionen deutlich.<<[87]

Da wie dargestellt überschüssiges Sparkapital auch auf dem Kapitalmarkt verbrannt werden kann, kommt Summers auf die Idee, dass die Geldpolitik Spekulationsblasen fördern und so zur Stabilisierung der Nachfrage beitragen sollte. Denn mit jeder Krise werden Vermögen vernichtet. K. Singer schreibt: >>Nobelpreisträger Krugman hat die These von Summers enthusiastisch gefeiert, wonach die Welt Gefahr läuft, in eine säkulare Stagnation abzutauchen. Vor diesem Hintergrund preist Summer Assetpreis-Blasen nicht nur als zwangsläufig an, sondern als wünschenswert. Und Krugman, der Preisgekrönte, applaudiert.<<[88]

Allerdings muss man sich auch der Gefahren einer ungebremsten Geldflutung bewusst sein. Denn mit jeder zusätzlichen Banknote auf dem Kapitalmarkt wächst das Spekulationspotenzial in Währungen. Je mehr Geld eines Staates im Umlauf ist, umso größer ist auch die Möglichkeit, dass gegen diese Währungen spekuliert wird und damit der Währungskurs in den Keller geht. Große Staaten, wie die USA, aber auch die Eurozone sind davon weniger gefährdet.

Zwar hoffen die Zentralbanken, dass durch ihre Geldflutung realwirtschaftliche Aktionen begünstigt werden. Faktisch wird

---

[87] K. Singer: Summers: Säkulare Stagnation,
http://www.timepatternanalysis.de/Blog/2013/11/21/summers-sakulare-stagnation/
[88] K. Singer: *Blasen her!* Quelle:
http://www.timepatternanalysis.de/Blog/2013/11/27/blasen-her/

dadurch aber in erster Linie die Kapitalmarktspekulation angeregt. Wenn dann das Preissteigerungspotenzial bei Aktien, Gold oder was immer ausgeschöpft ist und die Anleger auf Gewinnmitnahmen umschalten, kommt es zur nächsten Krise.

Zudem wächst das Verschuldungspotential der Wirtschaft. Denn Geldschöpfung ist immer auch mit einer entsprechenden Verschuldung verbunden, die bei den Banken durch Hereinnahme von Vermögenstiteln ausgeglichen wird. So erhält eine Notenbank für ihre Geldherausgabe als Gegenwert Gold oder Wertpapiere, und das gilt auch für Kredite von Geschäftsbanken an Nichtbanken. Fällt der Wert dieser Wertpapiere im Verhältnis zum Wert des herausgegebenen Geldes und können Geldnehmer die Differenz zwischen dem Kredit und der geleisteten Sicherheit nicht ausgleichen, dann kommt es zu Konkursen, die auch eine Wirtschaftskrise auslösen können.

Wegen des von den Zentralbanken gedrückten Zinsniveaus können sich Investoren, insbesondere auch Spekulanten, einmalig günstig refinanzieren. Investoren und Spekulanten profitieren somit von den niedrigen Zinsen zulasten der Sparer. Soweit die Zinsen auf Ersparnisse niedriger sind, als die Inflationsrate, werden die Sparer sogar zu Gunsten der Investoren und Spekulanten enteignet.

Anlageberater empfehlen deswegen auch Kapitalanlegern, Aktien zu kaufen anstatt zu sparen. Wie die Erfahrung zeigt, gilt diese Empfehlung für Kleinanleger nur, wenn der Aktienkurs gedrückt ist. Wenn aber durch allgemeinen Anlagedruck und hohe spekulativ gesteuerte Ertragserwartungen der Aktienkurs hochgepusht ist, können Kleinanleger nur verlieren, denn insbesondere wegen der fragilen Wirtschaft in Zeiten einer säkularen Stagnation brechen die Aktienkurse früher oder später ein. Die daraus resultierenden Vermögensverluste können vermögende Großanleger verschmerzen, es sei denn sie haben sich stark verschuldet und können die Kredite nicht mehr zurückzahlen. Kleinanleger können dabei aber ihr gesamtes Vermögen und ihre Altersversorgung verlieren.

Soweit Investoren durch billiges Geld angeregt werden, Immobilien zu erwerben und diese durch die gesteigerte Nachfrage im Wert steigen, werden die Immobilienbesitzer die steigenden Kosten auf die Mieter umlegen. Daraus ergibt sich eine Erhöhung der

Einkünfte aus Vermietung und Verpachtung zulasten der Kaufkraft der Mieter, somit auch eine Einkommensverschiebung zu Gunsten weniger.

Potenziert werden diese Gefahren natürlich noch, wenn die Zentralbanken den Zins negativ werden lassen sollten. Die neuesten Zinssenkungen und die Ankündigung von zusätzlichen Zentralbankkrediten an die Geschäftsbanken zur Weitergabe an die Realwirtschaft sowie Zinsen auf Geschäftsbankeneinlagen bei der EZB werden von den die "Märkten" in Anlehnung an die berühmte Kruppkanone als ein besonders wirksames Mittel gehalten, die Wirtschaft oder doch zumindest den Kapitalmarkt zu beleben. Prompt erklomm der Dax >>als Reaktion auf die Dicke Bertha der EZB erstmals die 10.000-Punkte-Marke.<<[89]

Indem die Zentralbanken auf dem Kapitalmarkt gezielt Staatsanleihen aufkaufen oder aufzukaufen androhen, können sie auch regulierend auf das Spekulationsverhalten der Anleger einwirken. Allein die Erklärung vom Zentralbankpräsidenten Mario Draghi, „alles Notwendige" zu tun, um den Euro zu, beendete 2012 die Spekulation gegen den Euro.

Entsprechend fielen als Folge der neuesten EZB Beschlüsse die Zinsen auf Staatsanleihen. >>Besonders ausgeprägt war der Rückgang bei Anleihen krisengeschwächter Euroländer, die von den EZB-Hilfen am meisten profitieren dürften. In Frankreich, das mittlerweile als größtes Sorgenkind gilt, gaben die Zinsen ebenfalls nach. Dort fiel die Rendite zehnjähriger Schuldtitel auf ein Rekordtief.

Am stärksten fielen die Zinsen von Papieren mit einer Laufzeit von fünf Jahren. In Griechenland sank die Rendite fünfjähriger Staatstitel am Nachmittag um fast einen halben Prozentpunkt auf 4,24 Prozent. In Italien und Spanien lagendie Rückgänge bei etwa einem viertel Prozentpunkt, die Renditen fielen auf 1,30 beziehungsweise 1,12 Prozent. Deutliche Zinsrückgänge gab es auch in Portugal und Irland.<<[90]

---

[89] http://www.wiwo.de/finanzen/geldanlage/nach-ezb-zinssenkung-richtig-mischen-an-der-boerse/10001620-2.html
[90] http://www.t-online.de/wirtschaft/boerse/anleihen/id_69751424/europas-anleihezinsen-nach-ezb-lockerung-auf-talfahrt.html

Mit welchen niedrigen Zinsen sich die Anleger bei dinglich wertlosen Staatsanleihen, deren Rückzahlung nur wegen der Quasi-Garantie der EZB - allerdings mit offenem Kursrisiko – zufrieden geben, beweist wiederum den enormen Kapitalanlagedruck als typisches Anzeichen einer säkularen Stagnation.

Obwohl die Zentralbanken durch Ihre Niedrigzinspolitik und Geldschwemmen zwar Kapitalmarktspiele fördern, längerfristig aber die Wirtschaft zerstören, können sie bis zu einem gewissen Grade den kurzfristigen Ausbruch von Wirtschaftskrisen verhindern. So hat, damit die Immobilienkonjunktur in den USA nicht aus Geldmangel zusammenbrach, die FED seinerzeit bereits den Geldhahn immer weiter aufgedreht und wurden auch die Geschäftsbanken durch Deregulierungen angeregt, auch ihre Geldschöpfung auszudehnen. Entsprechend haben wir immer noch oder schon wieder eine steigende Liquiditätsversorgung, um den Kapitalmarkt nicht zusammenbrechen zu lassen und dadurch auch den Kreditbedarf der Realwirtschaft zu gefährden.

IV. Unzureichende Theorie über wirtschaftliches Wachstum

Heute wird der Gesundheitszustand einer Wirtschaft in Wachstumsgraden gemessen. Ein hohes wirtschaftliches Wachstum gilt als gesund, eine stagnierende oder schrumpfende Wirtschaft als krank. Diese Bewertung ist aber nicht selbstverständlich. Denn, wie dargestellt, verharrten alte Kulturen über Jahrtausende auf einem bestimmten zivilisatorischen und kulturellen Entwicklungsstand mit traditionellen Gütern und Produktionsmitteln und galten trotzdem nicht als krank.

Prinzipiell sind auch bei den heute entwickelten Produktivkräften Wirtschaftsordnungen denkbar, in denen nur so viel produziert wird, wie bei einem bestimmten Konsumgüterstand für die Befriedigung der Bedürfnisse der Menschen gebraucht wird. Wenn man bedenkt, dass investierte Anlagen abgeschrieben werden und in Höhe der Abschreibungen produktivere Anlagen angeschafft werden könnten, dann könnte eine Wirtschaft sogar noch wachsen, ohne auf Konsum verzichten zu müssen oder es könnte die Arbeitszeit zu Gunsten von mehr Freizeit reduziert werden.

Der Grund, dass heute dennoch *wirtschaftliches Wachstum* als Maßstab für wirtschaftliche Gesundheit gilt, ist weniger dem Bedarf der Menschen als der Notwendigkeit geschuldet, dass Ersparnisse investiert und so der volkswirtschaftliche Nachfrage wird zugeführt werden müssen, wenn das volkswirtschaftliche Gleichgewicht von Angebot und Nachfrage nicht gestört werden soll.

In früheren Zeiten führten überschüssige Einnahmen zu materiellem Reichtum in Form von Gold, Grundstücken, Schlössern, Kulturdenkmälern etc. So konnten Adelige, indische Maharadschas und andere Eliten in früheren Zeiten unermessliche Schätze anhäufen und damit zugleich die Kultur fördern, und trotzdem galten die Volkswirtschaften nicht als krank, wenn auch die unteren Schichten der Bevölkerung in erbärmlicher Armut leben mussten. Heute dienen Ersparnisse nicht in erster Linie dem äußeren Reichtum. Heute sollen die Ersparnisse investiert werden, um zusätzlichen Gewinn zu generieren, und dieser Gewinn braucht keinerlei Bezug mehr zu haben zu den materiellen Bedürfnissen des Investors.

Es geht auch nicht mehr um einen *angemessenen* oder *standesgemäßen*, sondern um einen *maximalen* Gewinn. Die Volkswirtschaften müssen wachsen, um den Ersparnissen neue Gewinnmöglichkeiten zu öffnen[91] und, wenn sie nicht wachsen, brechen die Wirtschaften zusammen.

Da alle Gewinnmöglichkeiten von Investitionen aber letztlich von der Entwicklung der Konsumnachfrage abhängen, wird deutlich, welche Rolle der volkswirtschaftliche Bedarf nach wie vor spielt. Wenn der volkswirtschaftliche Bedarf nicht da ist und auch nicht geweckt werden kann, unter anderem auch, weil infolge der Einkommensverteilung der breiten Masse keine ausreichende Kaufkraft zur Verfügung steht und die Reichen ihren Konsum be-

---

[91] Detaillierter in: *Warum muss eine Wirtschaft wachsen?*, in: Uwe Petersen: Unkonventionelle Betrachtungsweisen zur Wirtschaftskrise. Von Haien, Heuschrecken und anderem Getier. Verlag Peter Lang 2011, S.27ff.

reits ausreichend gedeckt haben, dann muss die Wirtschaft so weit schrumpfen, bis alle Ersparnisse als Investitionen wieder zur volkswirtschaftlichen Nachfrage werden.

Bereits von Keynes und vor allem Hansen wurde die Hypothese vertreten, >>nach der das kapitalistische Wirtschaftssystem langfristig in einen stationären Zustand, d.h. einen Zustand ohne wirtschaftliches Wachstum, übergeht.<< Danach entsteht die säkulare Stagnation >>bei relativ hohem Pro-Kopf-Ein-kommen, bei dem infolge zu hoher durchschnittlicher Sparquote das geplante Sparen die geplante Investition übersteigt. Dadurch wird ein langfristiger Kontraktionsprozess ausgelöst, der erst bei einem so niedrigen Nationaleinkommensniveau zum Stillstand kommt, bei dem geplantes Sparen und geplante Investition wieder einander angeglichen sind. Die Wirtschaft verharrt dann auf diesem Niveau.<<[92]

Gegen diese Argumentation wird wie in *Gablers Wirtschaftslexikon* zu lesen, eingewandt, dass sie für geschlossene Volkswirtschaften plausibel erscheint. >>In offenen Volkswirtschaften würde die überschüssige Ersparnisbildung ins Ausland abfließen, eine Abwertung der Inlandswährung hervorrufen und über eine Zunahme der Güterexporte einen expansiven Multiplikatorprozess auslösen. Ein Rückgang des inländischen Nationaleinkommens braucht dann nicht mehr aufzutreten.<<[93]

Die These, dass das Phänomen einer säkularen Stagnation bei Kapitalexport nicht mehr gilt, ist falsch. Der Kapitalexport zeigt gerade, dass die Ersparnisse im Inland nicht voll zur Nachfrage werden und deshalb qua Kapitalexport zusammen mit den Exportüberschüssen exportiert werden. Der Kapitalexport ist somit zunächst nur ein Garant dafür, dass die volkswirtschaftliche Nachfragelücke insoweit geschlossen wird. Der Exportüberschuss ist deswegen keine *zusätzliche* Nachfrage, die einen Multiplikatoreffekt auslösen kann. Ein Multiplikator-effekt würde nur dann entstehen können, wenn dem Ausland per Geldschöpfung über das reale Sparen hinaus zusätzliche Nachfrage ermöglicht würde.

---

[92]Hans-Werner Wohltmann: *Säkulare Stagnation* in: http://wirtschaftslexikon.gabler.de/ Definition/saekulare-stagnation.html
[93] Hans-Werner Wohltmann: *Säkulare Stagnation*, in: Gabler Wirtschaftslexikon, *http://wirtschaftslexikon.gabler.de/Definition/saekulare-stagnation.html*.

Letztendlich hat nicht einmal Keynes an Sättigung geglaubt haben, >>'solange nicht jeder einen Rolls Roys fährt' und Champagner trinkt<<[94]. Offensichtlich nicht gesehen wurde aber, dass die wirtschaftliche Entwicklung zugleich mit einer Vermögens- und Einkommensverschiebung zu wenigen verbunden ist, sodass nicht ein allgemeiner Sättigungsgrad die Ursache der säkularen Stagnation ist, sondern primär die hohe Sparrate der oberen Einkommensschichten, die bereits „Rolls Roys" fahren und Sekt trinken, während untere Einkommensbezieher und Arbeitslose verarmen und der Staat wichtige Infrastrukturinvestitionen nicht mehr durchführen kann.

Da die private volkswirtschaftliche Nachfrage heute dem marktwirtschaftlichen Angebot hinterher hinkt, haben wir wieder wie in alten Zeiten eine *säkulare Stagnation*. Zudem wird von der neoklassischen Wirtschaftstheorie Scheinwachstum nicht genügend von realem Wachstum im Interesse der Gesamtwirtschaft unterschieden.

1. Nur scheinbares Wachstum wegen Beeinträchtigung des Wirtschaftswachstums bei Einbeziehung der Kosten für Resourcensicherung und Behebung von Umweltschäden

Die Neoklassik setzt wirtschaftliches Wachstum stillschweigend mit Verbesserung des allgemeinen Wohlstandes gleich. Wirtschaftliche Tätigkeit verbraucht aber natürlicher Resourcen und dies umso mehr, je stärker eine Wirtschaft wächst. Deswegen wird spätestens seit den Veröffentlichungen des *Club of Rome* über Grenzen der fossilen Energiereserven und anderer von der Industrie benötigter Rohstoffe diskutiert. Folgen einer zunehmenden Industrialisierung
und exzessiver landwirtschaftlicher Produktion sind auch Umweltschäden, die immer mehr Lebewesen die Lebensgrundlage entziehen und auch die Lebensbedingungen der Menschen gefährden.

Um diese Gefahren zu bannen, müssen durch Forschung und Entwicklung Rohstoffe wieder gewonnen oder ersetzt und Um-

---

[94] Gerhard Willke: John Maynard Keynes: Eine Einführung, Campus Verlag Frankfurt/M. – New York 2002, S.45f.

weltschäden geheilt werden. Selbst soweit dies gelingt, werden dafür steigende finanzielle Aufwendungen gemacht werden müssen. Werden diese Kosten sachgemäß in den volkswirtschaftlichen Wachstumsanalysen berücksichtigt, dann kann es fraglich werden, wieweit Wachstumserfolge durch Kosten für die Erhaltung der Umwelt und der Gesundheit nicht kompensiert werden und unsere Wirtschaft nicht schon deswegen stagniert.

2. Falsche Gleichsetzung von wirtschaftlichem Wachstum mit Verbesserung des allgemeinen Wohlstandes

Bei wirtschaftlichem Wachstum wird wie selbstverständlich vorausgesetzt, dass sich dadurch der allgemeine Wohlstand verbessert. Diese Gleichsetzung ist aber nur dann gegeben, wenn das Einkommen der Mitglieder einer Volkswirtschaft in gleichem Umfang wächst.

Ein gleiches Wachstum der Einkommen aller Einkommensschichten widerspricht aber der historischen Erfahrung. Dies hat auch der französische Ökonom Thomas Piketty in seinem neuesten Buch „Das Kapital im 21. Jahrhundert", das im nächsten Jahr voraussichtlich auch auf Deutsch erscheint, bestätigt.

Carsten Brönstrup schreibt:>>Piketty hat eine Debatte über Ungerechtigkeit und einseitige Wirtschaftspolitik losgetreten wie lange kein Ökonom vor ihm. „Das wichtigste Wirtschaftsbuch des Jahres, vielleicht des Jahrzehnts", schwärmt Nobelpreisträger Paul Krugman. Selbst Papst Franziskus ließ jüngst via Twitter wissen, Ungerechtigkeit sei „die Wurzel des sozialen Übels". Piketty hat in mühevoller Kleinarbeit Daten über Einkommen, Wachstum und Wohlstand aus 30 Ländern und 200 Jahren Wirtschaftsgeschichte zusammengetragen.<<[95]

>>Kern des Buches ist das Gesetz „r>g". Die Rendite „r" aus Aktien, Anleihen oder Immobilien beläuft sich nach Pikettys Berechnungen im langjährigen Schnitt auf viereinhalb bis fünf Prozent pro Jahr. Das übliche Wirtschaftswachstum („g") – und damit der Ertrag aus Arbeit – beträgt dagegen auf lange Sicht nur ein bis

---

[95] Carsten Brönstrup: *Der Kapitalismus nützt nur den Wohlhabenden, sagt der Ökonom Thomas Piketty. Nur mit höheren Steuern lässt sich das System retten*, in: DER TAGESSPIEGEL NR. 22 048 / 18. 5. 2014, S.22

eineinhalb Prozent.<< [96] Das heißt, wie Patrick Welter formuliert: >>Wenn die Rendite auf Kapital größer ist als die Wachstumsrate der realen Wirtschaft, konzentriert sich das Kapital zunehmend in der Hand weniger Familien.<<[97] >>Sich anzustrengen, um eines Tages einmal zur Elite der Gesellschaft zu gehören – das bleibt mithin zumindest für Mittellose eine Utopie. Statt Wohlstand für alle erlaubt das System nur Wohlstand für wenige. Auch das Ziel der Politik, mit Bildung für eine gerechtere Gesellschaft zu sorgen, wäre damit unerreichbar.<< [98]

Wodurch entsteht diese Ungleichheit?

Bei Rationalisierungsinvestitionen erhöht sich der Gewinn zulasten der Arbeitnehmer. Das heißt: der Anteil der Unternehmer und Kapitaleigner steigt in dem Maße, wie die Löhne fallen abzüglich der Mindereinnahmen aufgrund von Preissenkungen. so verschiebt sich die Einkommensverteilung zugunsten der Ersteren.

Soweit bei Rationalisierungen Arbeitskräfte nicht durch Erweiterungsinvestitionen und Produktionsaufnahmen neuer Produkte und Dienstleistungen wieder beschäftigt werden, entsteht Arbeitslosigkeit. Dadurch nimmt das Angebot von Arbeitskräften ab mit der Folge, dass die Löhne noch einmal sinken und der Einkommensanteil der Unternehmer und Kapitalisten zusätzlich steigt.

Noch schwerwiegender wird die Einkommensverteilung dadurch zu Gunsten weniger verschoben, dass Reiche natürlich mehr sparen können und dadurch zusätzliche Einkommen aus Vermögensanlagen verdienen. Diese Vermögen werden vererbt, ohne ausreichend durch Erbschaftssteuern wieder der Allgemeinheit zugeführt zu werden. So kann sich die Vermögensakkumulation in den Händen weniger immer weiter fortsetzen.

---

[96] Carsten Brönstrup a.O.
[97] Patrick Welter: *Thomas Piketty Ein Rockstar-Ökonom erobert Amerika*, in: FAZ Wirtschaft,http://www.faz.net/aktuell/wirtschaft/menschen-wirtschaft/thomas-piketty-ein-rockstar-oekonom-erobert-amerika-12931937.html
[98] Carsten Brönstrup: a.O.

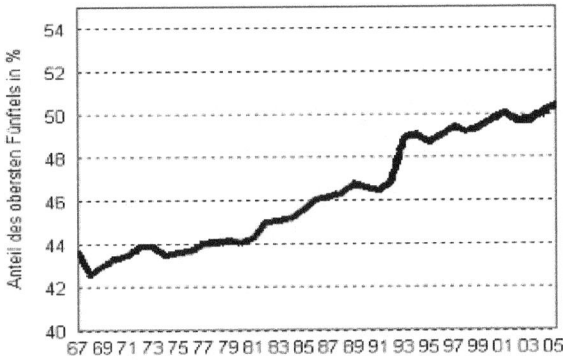

**12552: Einkommensverteilung in USA 1967 – 2005
(Anteil des obersten Fünftels am Haushaltseinkommen)**

Quelle: U.S. Census Bureau. ☒ Jahnke - Http.//www.jjahnke.net

Auch in Deutschland haben wir eine Spreizung der Einkommensentwicklung, wie aus folgender Tabelle hervorgeht:

Bevölkerung nach Einkommensschichten in Deutschland

	1986	**1996**	**2006**
Einkommensstarke	5,3	6,4	9,2
Einkommensoberschicht	10,9	11,6	11.3
Bezieher mittlerer Einkommen Einkommensmittelschicht	63,2	61,3	54,1
Einkommensschwache	8,5	7,5	7,2
Einkommensunterschicht	12,1	13,2	18,3
in %			

Quelle: SOEP/DIW (2008) (bedarfsgewichtetes Haushaltsnettoeinkommen)[99]

---

[99] zit. nach: Meinhard Miegel, Stefanie Wahl, Martin Schulte: *Die Einkommensentwicklung ausgewählter Bevölkerungsgruppen in Deutschland*, S. 16.

Die Veränderung der Bevölkerung nach Einkommensschichten ergibt sich aus folgender Übersicht:

**Veränderung der Bevölkerung nach Einkommensschichten
zwischen 1996 und 2006**
in Mio.

Bevölkerung insgesamt	Einkomens- schwache	Bezieher mittlerer Einkommen	Einkommens- starke
+0,7	+4,1	-5,5	+2,1

Quelle: SO EP/DIW (2008) (bedarfsgewichtetes Haushaltsnetto-einkommen)
sowie Berechnungen des IWG BONN[100]

Joachim Jahnke stellte dazu in seinem Buch *Falsch globali-siert*[101] bereits 2006 fest: >>Die USA haben die bei weitem größte Ungleichheit in der Einkommensverteilung unter allen hochentwickelten Industrieländern. Der Vergleich zu Deutschland fällt sehr deutlich aus: in den USA ist der Unterschied zwischen dem Anteil am Gesamteinkommen der 10 % Spitzeneinkommen und dem der 10 % untersten Einkommen mehr als doppelt so groß. Das obere Fünftel monopolisiert nach einem unaufhaltsamen Aufstieg (...) etwas mehr als die Hälfte aller Einkommen (...). Da kann es nicht überraschen, wenn die Federal Reserve in "Recent Changes in U. S. Family Finances" auch ein ungleiches Anwachsen der Vermögen feststellt, nämlich in der Gruppe der 10 % Spitzeneinkommen zwischen 1992 und 2001 um mehr als 90 %. Das eine Prozent der Familien an der Spitze besaß bereits 30 % aller Vermögenswerte, die obersten 10% sogar 65 % (Wert für Deutschland: 47 %) Der Trend zu immer mehr Ungleichheit dürfte sich in den letzten Jahren fortgesetzt haben, zumal sich die Aktienmärkte inzwischen wieder erholt haben. Symptomatisch dafür ist der Anstieg der Zahl der Millionäre von denen es 2006 bereits 7,9 Millionen gab.<<[102]

---

[100] zit. nach: Meinhard Miegel, u.a. a. O., S. 18.

[101] Joachim Jahnke: *Falsch globalisiert.*

[102] http://www.jjahnke.net/us.html

Seit 2006 hat Deutschland nachgeholt. So stellt Andreas Oswald fest: >>Die Reichen werden immer reicher, die Mittelschicht und die Armen bleiben dagegen da, wo sie sind. Diese These des französischen Ökonomen Thomas Piketty, die derzeit die neue Debatte um soziale Ungleichheit dominiert, bekommt jetzt eine neue Schärfe. Die „New York Times" hat die von dem unabhängigen Institut „Luxembourg Income Study" (LIS) gesammelten Einkommensdaten analysiert und ist zu einem vor allem für die Amerikaner erschreckenden Befund gekommen. Danach hat die US-Mittelklasse ihre noch vor 30 Jahren selbstverständliche Vorreiterrolle gegenüber der entsprechenden Schicht aller anderen großen Industrienationen verloren. ... Die Unterschichten in Europa verdienen inzwischen mehr als die Unterschichten der USA. Ursache sei die Tatsache, dass in den vergangenen 35 Jahren in den USA nur eine kleine Schicht von Reichen vom wirtschaftlichen Wachstum profitiert hat. ... Deutschland ist das einzige Land Europas, bei dem die Schere mit den USA zwischen 1980 und 2010 sogar gewachsen ist, was die Einkommen der Mittelschicht angeht. Bei allen anderen Ländern ist diese Einkommensschere kleiner geworden. Dies betrifft einen 30-Jahre-Zeitraum. Dramatisch für die USA – und für Deutschland – ist der kürzere Zeitraum. Seit dem Jahr 2000 sind die Einkommen der Mittelschicht in den USA nur um 0,3 Prozent gestiegen. In Deutschland um 1,4 Prozent, also nur geringfügig mehr.<<[103] Wenn man unter wirtschaftlichem Wachstum die Erhöhung des *allgemeinen* Wohlstandes versteht, dann spricht diese Entwicklung dagegen.

Nun gehen angebotsorientierte Neoklassiker so weit, eine ungleiche Einkommensverteilung auch als wachstumsfördernd anzusehen. Denn, wenn aufgrund ungleicher Einkommensverteilung mehr gespart wird, dann wird - so die Ideologie - auch mehr investiert, und mehr Investieren heißt - wieder eine Vereinfachung, die Rationalisierungsinvestitionen außer Acht lässt - zusätzliche Arbeitsplätze. Wenn aber realwirtschaftliche Investitionsmöglichkeiten nicht mit den wachsenden Ersparnissen Schritt halten, dann ergibt sich eine Nachfragelücke und das bedeutet säkulare Stagna-

---

[103] Andreas Oswald: *Die Mittelschicht verliert Alarmierende neue Zahlen: In den USA und in Deutschland bleibt sie vom Wachstum ausgeschlossen*, in: DER TAGESSPIEGEL Nr.22025 vom 24.4.2014, S.24.

tion. Selbst das Management von Aktiengesellschaften wird dann den Gewinn pro Aktie lieber durch Rückkauf von Eigenaktien als durch realwirtschaftliche Investitionen steigern, weil es nach Martin Wolf >>zur Sicherung von Bonus-Zahlungen Aktienkurse leicht durch Aktienrückkäufe steuern kann und nicht den beschwerlicheren Weg über produktivere Investitionen gehen muss.<<[104]

Neoklassisch bestimmte Wirtschaftsideologie sieht diese Probleme natürlich nicht. So feiern die Börsen Kursgewinn bei Aktien von Kapitalgesellschaften, die ihren Gewinn durch Arbeitsplatzabbau rationalisieren und wegen der immer wieder propagierten Konzentration auf die Kernkompetenz Produktionszweige abstoßen und dafür Wettbewerbsunternehmen kaufen, durch die sie ihre Produktion weiter rationalisieren und den Markt besser monopolisieren können. Damit ist aber eine erhebliche Verschiebung von Lohneinkünften zu Gunsten von Kapitaleinkünften verbunden und erhöht somit weiterhin das Kapitalangebot, das ohnehin schon nicht genügend realwirtschaftliche Investitionen findet.

Wie aus Börsenperspektive das Wirtschaftsgeschehen gesteuert wird, kann an der Bewertung der Siemens-Rendite im Verhältnis zu anderen Kapitalgesellschaften, insbesondere General Electric, abgelesen werden. So berichtete *die Welt* >>am 3. und 4. Oktober über die Erwartungen der Finanzmärkte, die von einem Renditeziel von mindestens 12 Prozent ausgehen, an dem Kaesers Vorgänger Peter Löscher gescheitert war. Der Abstand von Siemens zu den Wettbewerbern General Electric und ABB sei nicht akzeptabel. Analysten von J.P. Morgan sähen das Problem darin, dass Siemens Aufträge hereinhole, um die Auslastung und damit Arbeitsplätze zu sichern, obwohl diese Aufträge das Renditeziel nicht erfüllen.<<[105]

---

[104] Laut *K. Singer:* Summers: Säkulare Stagnation von Martin Wolf vertreten in der FT unter der Überschrift "Why the future looks sluggish". Quelle: http://www.timepatternanalysis.de/Blog/2013/11/21/summers-sakulare-stagnation/
[105]Elisabeth Zimmermann: Siemens verschärft Arbeitsplatzabbau, in: https://www.wsws.org/de/articles/2013/10/08/siem-o08.html

Die Börse errechnet die Aktienrendite aus der Kombination von Dividenden und Kursgewinnen, wie aus folgenden sogenannten Renditedreiecken abgelesen werden kann:

	2003	2004	2005	2006	2007	2008	2009	2010	2011	2012
2004	-1,8									
2005	6,8	16,1								
2006	5,8	9,8	3,8							
2007	14,4	20,4	22,6	44,9						
2008	-3,7	-4,1	-10,1	-16,3	-51,6					
2009	0,2	0,6	-3,0	-5,1	-23,2	21,9				
2010	5,6	6,8	5,1	5,4	-5,2	32,7	44,4			
2011	1,9	2,5	0,4	-0,3	-9,2	12,0	7,3	-20,2		
2012	2,9	3,5	1,8	1,5	-5,5	11,8	8,6	-5,8	11,2	
2013	4,6	5,3	4,0	4,1	-1,5	13,5	11,5	2,3	15,9	20,8
Ø	3,7	6,7	3,1	4,9	-16,0	18,4	17,9	-7,9	13,5	20,8

>>Siemens Renditedreieck

Das Renditedreieck zeigt die durchschnittlichen jährlichen Renditen für beliebige Anlagezeiträume, also Kombinationen von Kauf- und Verkaufszeitpunkten auf Jahresbasis. Dabei wird auf der horizontalen Achse das Erwerbs- bzw. auf der vertikalen Achse das Verkaufsjahr aufgetragen. Die somit im Schnitt erzielte annualisierte Rendite kann am Schnittpunkt dieser beiden Koordinaten abgelesen werden. Konkret: Wer bspw. Ende 2003 Siemens-Aktien erwarb und Ende 2005 wieder veräußerte, erzielte im Schnitt eine jährliche Kursrendite von 6,8%. Bei einem Ausstieg 2006 errechnet sich indes eine Per-Annum-Rendite von 5,8%.
Die Daten in der untersten Zeile geben an, welche jährliche Rendite beim Einstieg im jeweiligen Jahr durchschnittlich erzielt werden konnte. Bei einem Einstieg Ende 2003 erzielten Siemens-Anleger z.B. im Mittel jährliche Kurs-Renditen von 3,7%<<[106]

---

[106] http://www.boerse.de/performance/Siemens/DE0007236101

Die Börse vergleicht nun bei ihren primär kurzfristigen Rendite-erwartungen die zu erwartende Siemensrendite mit anderen Kapitalgesellschaften, und insbesondere mit Konkurrenten wie beispielsweise General Electric.

	2003	2004	2005	2006	2007	2008	2009	2010	2011	2012
2004	8,2									
2005	9,2	10,2								
2006	4,7	2,9	-3,9							
2007	0,7	-1,7	-7,2	-10,4						
2008	-14,4	-19,3	-27,2	-36,7	-55,2					
2009	-13,1	-16,9	-22,5	-27,9	-35,3	-6,7				
2010	-8,0	-10,5	-14,2	-16,5	-18,5	10,0	29,6			
2011	-7,0	-8,9	-11,8	-13,3	-14,0	6,9	14,4	1,0		
2012	-5,0	-6,6	-8,8	-9,5	-9,4	8,1	13,5	6,3	11,8	
2013	-2,0	-3,0	-4,6	-4,7	-3,7	12,2	17,5	13,8	20,7	30,4
Ø	-2,7	-6,0	-12,5	-17,0	-22,7	6,1	18,8	7,0	16,3	30,4

>>General Electric Renditedreieck<<[107]

Dabei zeigt sich dann, dass, wenn eine General Electric Aktie im Jahre 2012 gekauft und im Jahre 2013 wieder verkauft wurde, eine Rendite von 30,4 % erreicht wurde, bei einer Siemensakte nur 20,8 %. Daraus wird dann die Forderung erhoben, dass Siemens, um den Kriterien des Kapitalmarktes zu genügen, rationalisieren, Arbeitsplätze abbauen und sich auf Kernkompetenzen konzentrieren müsse. Dass, wenn die Aktie 2003 erworben und 2013 verkauft wurde, die Siemensaktie eine durchschnittliche Rendite von 3,7 %, die Aktie von General Electric aber einen durchnittlichen Verlust von 2,7 % brachte, bleibt dabei unberücksichtigt.

Nicht zuletzt, um den Börsenerwartungen zu genügen, baut Siemens Arbeitsplätze ab. Die Wirtschaftswoche schreibt: >>Für Unruhe, so viel steht fest, ist weiter gesorgt. Denn zusätzlich zu den im vergangenen Herbst angekündigten 15.000 Stellen, die Siemens abbauen will, kommt ein weiterer Arbeitsplatzabbau, wie

---

[107] http://www.boerse.de/performance/General-Electric/US3696041033

Kaeser heute erklärte. Von mehreren Tausend Jobs ist die Rede.<<[108] Um seine Kernkompetenz zu stärken, verkauft Siemens darüber hinaus Unternehmen, an Wettbewerber und kauft Unternehmen von Wettbewerbern.

Welchen Sinn sollen diese Rationalisierungen und Verstärkungen der Kernkompetenz für die Erhöhung des allgemeinen Wohlstandes haben?

Arbeitsplatzabbau, um die Gewinne zu erhöhen, bedeutet eine Umschichtung der volkswirtschaftlichen Einnahmen von den Arbeitnehmern zu den Kapitalisten und zu höheren Boni für Führungskräfte. Wenn der höheren Gewinne und die daraus resultierenden zusätzlichen Ersparnisse ausreichend wieder realwirtschaftlich investiert werden könnten, könnten freigesetzte Arbeitskräfte wieder neue Arbeitsplätze finden. In einer säkularen Stagnation entfällt diese Möglichkeit aber. Also fällt insoweit auch volkswirtschaftliche Nachfrage aus, soweit diese nicht durch höhere kreditfinanzierte höhere Staatsausgaben, Kapitalexport/oder Kapitalverbrennung auf dem Kapitalmarkt wieder zu volkswirtschaftlicher Nachfrage wird.

Soweit die Rationalisierungen den Wettbewerb erhöhen und zu Preissenkungen führen, könnte sich die Kaufkraft der verbleibenden Nachfrager erhöhen. Die aus Preissenkungen resultierenden geringeren Gewinne sollen dann durch einen höheren Marktanteil wettgemacht werden, verringern somit die Produktions- und Bechäftigungsmöglichkeiten der konkurrierenden Unternehmen. Zudem wird dadurch Monopolisierung des Angebots erhöht, durch die die Gewinne zulasten der Konsumenten wieder steigen können.

Durch die Stärkung der Kernkompetenz wird der Wettbewerb auch eingeschränkt. Zwar wird argumentiert, dass die Zentrierung auf wenige Produkte die Entwicklungschancen leichter werden. Aber ist nicht vielmehr zu erwarten, dass ein größerer Wettbewerb Forschung und Entwicklung erhöht, die Monopolisierung dagegen den Druck darauf, Forschung und Entwicklung zu treiben, verringert?

---

[108]http://www.wiwo.de/unternehmen/industrie/siemens-konzernumbau-die-neue-siemens-welt/9857238-2.html

Grundlagenforschung ist den Unternehmen meist zu teuer. Deswegen sind bahnbrechende Innovationen häufig das Ergebnis mit öffentlichen Mitteln finanzierter Grundlagen- und insbesondere auch Militärforschung. Man denke an die Erfindung des Radars, des Internets etc.![109]

Nun ist es für rationalisierende Unternehmen gleichgültig, woher zusätzliche Gewinne kommen. Der Kapitalmarkt erwartet eben, dass, wie im Falle von Siemens, eine 12 prozentige Gewinnrate erreicht wird. Aber wozu müssen Kapitaleigner eigentlich eine 12-prozentige Gewinnrendite haben, wenn ihre Bedürfnisse schon befriedigt sind und in Zeiten der säkularen Stagnation ein Sparer nur wenig über 0 % Zins auf seine Ersparnisse erhält? Abgesehen davon, dass der Markt selbst die angebotsorientierten Erwartungen in der säkularen Stagnation nicht mehr erfüllt, bleibt als zentrale Problem die Einkommensschere zwischen den hohen und den niedrigen Einkommensbeziehern.

Allmählich scheinen das aber auch liberale Wirtschaftspolitiker zu ahnen. Andreas Oswald schreibt: >>Pikettys empirischer Befund [in seinem neuen Buch „Das Kapital im 21. Jahrhundert"], dass die Rendite der Kapitalbesitzer stärker steigt als das Wachstum der Volkswirtschaften und die Einkommen der breiten Bevölkerung, ist Wasser auf die Mühlen all derer, die seit geraumer Zeit eine höhere Besteuerung von Vermögen verlangen.

Der Internationale Währungsfonds (IWF) hat jetzt Thomas Piketty in einem wichtigen Punkt bestätigt. Laut einer neuen Studie des IWF, aus der die „Financial Times" am Mittwoch zitierte, wirkt sich größere Gleichheit nicht negativauf das Wachstum aus. Mehr Gleichheit könne Wachstum sogar befördern. Die bisher herrschende These, dass Ungleichheit und Disparität ein Motor des Wachstums seien, bekommt damit einen empfindlichen Dämpfer.<<[110]

---

[109] Beispielsweise für die Wirtschaftsentwicklung sind in Deutschland die früheren „Kaiser Wilhelm-", heute „Max Planck-Gesellschaften". Siehe Petersen: Wirtschaftsethik und Wirtschaftspolitik, S.165ff.

[110] Andreas Oswald: *Die Mittelschicht verliert Alarmierende neue Zahlen: In den USA und in Deutschland bleibt sie vom Wachstum ausgeschlossen*, in: DER TAGESSPIEGEL Nr.22025 vom 24.4.2014, S.24.

3. Problematische Gleichsetzung von wirtschaftlichem Wachstum mit Verbesserung des allgemeinen Wohlstandes mit Globalisierung

Größtmögliche Arbeitsteilung ist die ursprünglichste Quelle wirtschaftlichen Wohlstandes. Der Einzelne spezialisiert sich auf das, was er am besten kann, und dadurch erhöht sich dann für alle die Produktivität der Wirtschaft. Größtmögliche Arbeitsteilung sprengt die nationalen Grenzen, und so propagierte schon der schottische Moralphilosoph und Nationalökonom Adam Smith in seinem 1776 erschienen Buch „Der Wohlstand der Nationen" den Freihandel als Quelle allgemeinen wirtschaftlichen Wohlstandes.

Durch Freihandel können auch die regionalen Unterschiede in der Verteilung von Bodenschätzen und Fertigkeiten genutzt werden. So wurde der Freihandel der Ursprung der Globalisierung. Freihandel und Globalisierung wurden zu zentralen Glaubenspositionen liberaler und neoklassischer Wirtschaftstheorie.

Zu wenig wurde aber der technische Fortschritt und die Zentrierung privater Macht in Händen globaler Unternehmen und Oligarchen bei der Frage nach der Erhöhung des allgemeinen wirtschaftlichen Wohlstandes berücksichtigt.

3.1 Unzureichende Beachtung der Verteilung des technischen und wirtschaftlichen Know-hows als Beeinträchtigung des allgemeinen Wohlstandes bei der Globalisierung

Wenn es beim internationalen Freihandel nicht nur um den Austausch von Produkten geht, die sinnvollerweise nur in einzelnen Ländern produziert werden können, also zum Beispiel Pfeffer in Asien oder Kakao und Kaffee in tropischen Ländern, die dann gegen Bernstein aus der Ostsee getauscht werden, oder der Handel Kunstprodukte betrifft, die traditionell unterschiedlich in einzelnen Ländern sind, dann bedarf es keiner Umstrukturierung in den einzelnen Ländern selbst. Jedes Land stellt nur mehr her und tauscht sie gegen andere Güter aus anderen Ländern. Anders wird es, wenn technischer Fortschritt und industrielle Produktion ins Spiel kommen. Denn industriell können Produkte billiger hergestellt werden und machen damit Handwerker in anderen Ländern arbeitslos. Das begann bereits mit der englischen Tuchproduktion, die in ganz

Europa abgesetzt wurde und handwerkliche Weber in Armut brachte und heute noch der eigenständigen Textilproduktion in Entwicklungsländern die Existenz kostet, wenn sie nicht für international agierende Textilfirmen im Lohn fertigen.

Abgesehen davon, dass wegen des internationalen Wettbewerbs um solche Lohnfertigungen häufig nur existenzgefährdende Löhne gezahlt werden, werden in den übrigen Ländern eigenständige Textilhandwerker ihrer Arbeit beraubt. Was wird nicht alles, zum Teil auch an gebrauchten Textilien, Plüschtieren, Plastikspielzeugen etc. auf den Markt der Entwicklungsländer, man kann schon sagen, *abgekippt* und zerstört dort die heimische Fertigung.

Auch in der Agrarproduktion wurde der Ertrag namentlich in den Industrieländern in einem Ausmaß erhöht, das traditionell produzierende Entwicklungsländer dahinter zurückfielen und es zum Beispiel in einzelnen Ländern nicht mehr lohnt, Getreide, Rinder oder Geflügel zu produzieren.

Weniger entwickelte Länder sind zudem entwickelteren gegenüber insofern benachteiligt, als der Bedarf an industriellen Gütern im Allgemeinen höher ist, als der an traditionell hergestellten Produkten. Deswegen entwickelt sich der Handel auch am besten zwischen Industrieländern. Je weniger Industrie ein Land hat, umso geringer ist die Bedeutung im internationalen Handel, es sei denn, das Entwicklungsland verfügt über Energiereserven oder andere begehrte Rohstoffe. Dann werden aber nur wenige gering qualifizierte Arbeitskräfte oder, wenn die Rohstoffgewinnung sehr kapitalintensiv ist, noch weniger hoch qualifizierte Arbeitskräfte benötigt. Vom Gewinn profitiert meist auch nur eine kleine Oberschicht und der Rest des Landes versinkt in Rückständigkeit und Armut. Nur wenn der Gewinn aus Rohstoffen so eminent ist, wie in den Golfstaaten, bei relativ kleiner heimischer Bevölkerung, dann wird auch die heimische Bevölkerung an den Gewinnen beteiligt und beschränkt sich die Ausbeutung und Armut auf die Gastarbeiter, die aber immer noch mehr verdienen, als in ihren Heimatländern.

Hinzu kommt, dass am internationalen Handel die entwickelten Länder proportional immer mehr verdienen, als die Entwicklungsländer. Mit diversifizierten Industriegütern wird mehr erlöst, als für Agrarprodukte und Rohstoffe. Zudem beherrschen die industriellen

Länder die Transport-und Handelswege und in dem Maße, wie Arbeitskraft durch Realkapital ersetzt wird, fließt ihnen auch die Kapitalrendite zu.

>>Die Globalisierung hat während der vergangenen zwei Jahrzehnte vor allem den Wohlstand in den Industrienationen vermehrt. Schwellen- und Entwicklungsländer hingegen profitierten vergleichsweise wenig. Dies ist eines der zentralen Ergebnisse einer Studie der Bertelsmann Stiftung zu den Effekten der Globalisierung in 42 Staaten. Demnach führte das Zusammenwachsen der Welt bislang keineswegs dazu, dass sich der Wohlstand zwischen Industrieländern wie Finnland, Dänemark oder Japan sowie den Schwellenländern angenähert hat – im Gegenteil: Während durch Globalisierungseffekte das Bruttoinlandsproduktpro Kopf in den Top-20 Industrieländern durchschnittlich um ungefähr 1000 Euro jährlich stieg, wuchs es in Ländern wie Mexiko, China oder Indien um weniger als 100 Euro je Einwohner.<<[111]

In Bezug auf das Verhältnis von weltwirtschaftlicher Nachfrage und weltwirtschaftlichem Angebot muss auch beachtet werden, dass die Bedürfnisse der Industrieländer meist stärker befriedigt sind, so dass in Industrieländern mehr gespart wird und entsprechend weltwirtschaftliche Konsumnachfrage ausfällt. Für klassische Markttheoretiker existiert dieses Problem jedoch nicht. Sie gehen davon aus, dass immer genügend gewinnversprechende Investitionsmöglichkeiten vorhanden sind und alle Ersparnisse als Investitionsnachfrage wieder auf dem realwirtschaftlichen Markt erscheinen.

Markt kann nur dann Quelle allgemeinen Wohlstands sein, wenn den das Marktgleichgewicht in der Weltwirtschaft störenden ungleichen industriellen und Eigentum zentrierenden Strukturen entgegengewirkt wird. Nur diejenigen Staaten konnten die einseitig die Industrieländer begünstigende Entwicklung stoppen, die ihre Importe für Unternehmen begrenzten, die sich nicht bereit erklär-

---

[111] Studie, die die Prognos AG im Auftrag der Bertelsmann Stiftung: *Industrienationen profitieren von der Globalisierung weitaus stärker als Schwellen- und Entwicklungsländer* Pressemeldung Gütersloh, 24.03.2014, http://www.bertelsmann-stiftung.de/cps/rde/xchg/bst/hs.xsl/nachrichten_120603.htm

ten, im Lande auch selbst zu fertigen. So konnten Herstellungs-Know-how und qualifiziertere Arbeitskräfte in sich entwickelnden Schwellenländern entstehen. Allerdings gelingt diese Politik nur in solchen Ländern, die als Markt für einen ausländischen Investor groß genug sind.

Mit dieser zunehmenden Verbesserung der Produktionsbedingungen in den Schwellenländern begann jedoch eine zunehmende *Deindustrialisierung* in den traditionellen Industrieländern selbst. Denn wenn schon in Schwellenländern produziert werden musste und konnte, dann lohnte sich das nur, wenn entsprechend große Stückzahlen gefertigt und dabei die billigen Lohnkosten genutzt werden können.

Die Deindustrialisierung wurde von den Neoliberalen nicht als Problem erkannt. Sie wurde vielmehr als gesellschaftlicher Fortschritt zur *Dienstleistungsgesellschaft* gefeiert. Den Fortschritt beim Übergang zur Dienstleistungsgesellschaft sehen die Liberalen darin, dass weniger qualifizierte durch hochwertige und, wie man zunächst glaubte, weniger gefährdete Arbeitsplätze ersetzt werden.

Dies war aber nur bedingt der Fall. Faktisch zeigten sich Dienstarbeitsplätze durch Digitalisierung und Computerisierung für Rationalisierungen und Verlagerungen ins Ausland - man denke nur an Telefonhotlines - mindestens ebenso gefährdet wie industrielle Arbeitsplätze. Zwar konnten durch den Übergang zur Dienstleistungsgesellschaft, insbesondere, wenn es dabei um den Ausbau von
Finanzdienstleistungen geht, Wachstumserfolge für die entsprechenden Volkswirtschaften erzielt werden. Diese schlugen sich aber primär in den Gewinnen der Kapitaleigner und den Gehältern der höher Qualifizierten wieder.

Darüber hinaus wurden im Zuge der Rationalisierungsinvestitionen wieder Löhne zu Gewinnen. Man denke nur an die riesigen Gewinne in Internetfirmen zulasten der traditionellen Handelswege. Die unteren Einkommensbezieher nahmen an diesem Wachstum nicht oder nur geringfügig teil, und viele fielen weiter in das Preketariat ab, das aus Sozialkosten alimentiert werden muss.

Dazu Ulrich Herbert über Andreas Wirsching *Das neue Europa entsteht im Geist des Neoliberalismus*: >>Zu den interessantesten Aspekten dieses Buches gehören die Passagen über Europa und die Globalisierung. Die Europäische Union entpuppt sich hier als einer der wichtigsten Propagandisten des Neoliberalismus. In den neunziger Jahren sahen sich die kontinentalen Industrieländer gegenüber dem angelsächsischen Modell der flexibilisierten Dienstleistungsgesellschaften im Hintertreffen. Die „Lissabon-Strategie" vom März 2000 setzte darauf, die Union „zum wettbewerbsfähigsten und dynamischsten wissensbasierten Wirtschaftsraum der Welt zu machen". Globalisierung, Pluralisierung, Wissensgesellschaft, Flexibilisierung, Benchmarking: solche Begriffe setzten sich nun durch und beherrschten die politischen Zielsetzungen. Die Dokumente der Europäischen Union näherten sich der Sprache von Unternehmensberatungen an – eine Art neuer Modernisierungsideologie, die in der Praxis indes schnell ihre Schattenseiten zeigte. Wirsching schreibt: „Indem sie liberalisierten, deregulierten und privatisierten, förderten die Regierungen nachhaltig die Macht des Marktes und erweiterten den Spielraum der großen Konzerne und Banken. Freilich bahnten sie damit selbst den Weg zu eben jenem staatlichen Souveränitätsverlust, den sie später umso heftiger beklagten." Das Resultat war jene flexible Dienstleistungsgesellschaft, in der die alte Arbeiterklasse durch das Prekariat mit ihren „bad jobs" ersetzt wurde, die nicht zum Überleben reichen und vom Staat deshalb bezuschusst werden müssen.<<[112]

Soweit im Übergang zur Dienstleistungsgesellschaft die Einkommensverteilung weiterhin zu Gunsten der Reichen mit höherer Sparrate verlagert wird, wird die säkulare Stagnation weiter genährt. Davon abgesehen, kann eine Verarmung der unteren Einkommensbezieher und zusätzlicher Arbeitsloser auch nicht als allgemeine Wohlstandssteigerung bezeichnet werden.

Während die Entwicklungsländer im Zuge der Globalisierung darauf hinwirken müssen, dass sie angemessen an dem technischen Fortschritt teilnehmen und sie dazu auch entgegen den Marktideologen Einfuhrbeschränkungen einsetzen, müssen die Industrieländer darauf achten, dass auch die weniger qualifizierten Arbeitskräf-

---

[112] Ulrich Herbert über Andreas Wirsching *Das neue Europa entsteht im Geist des Neoliberalismus* in: Süddeutsche Zeitung, 13.03.2012, S.2. http://herbert.geschichte.uni-freiburg.de/ herbert/beitraege/2012/Wirsching-%20Preis%20der%20Freiheit-%20SZ%2012.3.2012.pdf

te in ihren Ländern Arbeitsmöglichkeiten finden und angemessen bezahlt werden und nicht im Lohn auf den Stand der Entwicklungsländer absinken.

Wenn bestimmte Länder über besondere Rohstoffe, Touristenattraktionen, landwirtschaftliche Produktionsmöglichkeiten verfügen, ist eine Spezialisierung auf bestimmte Wirtschaftsaktivitäten im internationalen Handel sinnvoll oder sogar notwendig. Soweit aber Produktionen und industrielle Dienstleistungen nur technischem und wirtschaftlichem Know-how geschuldet sind, können sie überall stattfinden. Deswegen sollten technisches und wirtschaftliches Know-how nicht dazu genutzt werden, Fertigungen und Dienstleistungen zu zentrieren, sondern überall eine möglichst vielseitige Aktivität zu ermöglichen. Denn in keinem Land gibt es nur hoch qualifizierte Akademiker oder nur unqualifizierte Arbeitskräfte und/oder dient dem allgemeinen wirtschaftlichen Wohlstand, wenn Ingenieure und Facharbeiter beispielsweise nach Deutschland auswandern müssen und unqualifizierte Deutsche auf das Entwicklungsländerlohnniveau reduziert werden. Dazu würde aber eine ungebremste marktwirtschaftliche Entwicklung im Sinne der Neoklassiker führen, denen alle Bestrebungen, wie Einführung von Mindestlöhnen, Entsenderegelungen für Bauarbeiter, Handelsbeschränkungen und Subventionen zum Schutz einer diversifizierten Wirtschaftsentwicklung ein Dorn im Auge ist. Allerdings vergessen sie ihre hohen Ziele reiner Wirtschaftsregulierung durch den Markt gern dann, wenn die Interessen von Großunternehmen im Spiel sind, wie zum Beispiel, wenn landwirtschaftliche Großbetriebe mit ihrer Massenproduktion die Agrarwirtschaft in Entwicklungsländer zerstören.

Die Agrarwirtschaft kann in Entwicklungsländern auch zerstört werden, wenn Investoren riesige Länder für Massenproduktion, zum Beispiel für Bioenergie- oder Futtermittelproduktion, aufkaufen und dabei die traditionellen Bauern arbeitslos werden, die dann ein Teil der Flüchtlinge ausmachen, die in Industrieländern neue Arbeitsmöglichkeiten suchen.

So schreibt Luke Dale Harris über die Entwicklung in Rumänien: >>Während der Hysterie um die Einwanderung aus Rumänien und Bulgarien zum Jahresbeginn [2014] wurde Entscheidendes vergessen. Die Grenzen in der EU öffnen sich häufig in zwei Richtungen. Als Zeitungen in Westeuropa über den drohenden „Ansturm" von Arbeitsmigranten lamentierten, war längst eine ganz andere Invasion unterwegs. Sie hatte etwas damit zu tun, dass für einen EU-Debütanten wie Rumänien die Flitterwochen zu Ende gingen. Seit 2014 gilt die Auflage, den eigenen Grundstücksmarkt für ausländische Investoren zu öffnen.

Für ein Land mit etwa 5 Millionen Kleinbauern - ein Viertel der Bevölkerung - kein Anlass zum frohlocken. Die überwiegend kleinbäuerlichen Wirtschaften erodieren seit langem, da ihnen eine Politik der offenen Märkte so gar nicht zugutekommt. Von großen Investoren, die Agrarsubventionen der EU einstreichen, aus dem Markt gedrängt, stehen rumänische Landwirte vor einer schwierigen Wahl: Verkaufen und nach Westeuropa abwandern, um dort Arbeit zu suchen, oder durchhalten und weiter verarmen. ... Die öffentlichen Flächen, auf denen 1990 noch 90 % der Bauern ihr Vieh grasen ließen, sind komplett verschwunden. Sie wurden an ausländische Unternehmen verpachtet oder verkauft.<<[113]

Natürlich wird durch das Aufkaufen der Ländereien die Produktivität gesteigert. Die Renditen fließen aber wiederum denjenigen zu, deren Lebensstandard schon gesichert ist und die mit den Gewinnen allenfalls spekulieren können, während in einer säkulare Stagnation für die freiwerdenden Arbeitskräfte kaum neue Arbeitsplätze gefunden werden können.

3.2 Unzureichende Beachtung der Zentrierung privater wirtschaftlicher Macht und dessen ungleiche Verteilung als Beeinträchtigung des allgemeinen Wohlstandes bei der Globalisierung

Das zentrale Anliegen der liberalen neoklassischen Wirtschaftstheorie ist größtmögliche freiheitliche Selbstgestaltung der Individuen, nicht nur als Selbstzweck, sondern auch als Voraussetzung für einen funktionierenden Markt, der wiederum als optimale Voraussetzung für wirtschaftliches Wachstum und eine Verbesserung des allgemeinen Lebensstandards angesehen wird. Nach der liberalen Wirtschaftsauffassung reicht purer Egoismus als Antrieb der Wirtschaftsteilnehmer, wenn auch natürlich unter Beachtung der

---

[113] Luke Dale Harris: *Bauernlegen auf Europäisch Rumänien Die traditionelle Landwirtschaft hat ausgedient. Sie wird durch ein ausuferndes Land Grabbing überrollt* in: *der Freitag*, Nr. 19 vom 8. Mai 2014, S. 8.

Marktregeln, dazu aus, weil der persönliche Gewinn umso höher ist, je mehr die angebotenen Güter und Dienstleistungen von den Marktteilnehmern nachgefragt werden. Marktwirtschaft wird damit gleich gesetzt mit fairem Wettbewerb, bei dem jeder nach seinen Leistungen belohnt wird.

Fairer Wettbewerb setzt aber gleiche Startchancen voraus. So treten nur Boxer der gleichen Gewichtsklasse gegeneinander an und Männer gegen Männer, Frauen gegen Frauen und Behinderte gegen Behinderte. Solche gleichen Startbedingungen gibt es in der freien Marktwirtschaft jedoch nicht. Die Startbedingungen der Marktteilnehmer werden maßgeblich durch das jeweilige Vermögen beeinträchtigt. Nicht nur fließen dem jeweiligen Marktteilnehmer neben Arbeitseinkommen auch Einkünfte aus der Vermögensverwertung zu. Vermögen kann auch als Sicherheit für aufzunehmende Kredite genutzt werden.

Wenn das Vermögen von den Marktteilnehmern selbst erworben wurde, mag es mit einem fairen Wettbewerb noch übereinstimmen, wenn dieses Vermögen auch Gewinn bringend eingesetzt wird. Aber was ist mit ererbten Vermögen? Das kann so groß sein, dass der Erbende überhaupt nicht mehr arbeiten muss und nur von der Vermögensrendite leben kann. Dann haben wir schon Schwierigkeiten von gleichen Startbedingungen für alle zu sprechen.

Nun braucht es für die wirtschaftliche Entwicklung auch Investitionen und dafür muss gespart werden. Da eine ungleiche Einkommensverteilung das Sparen fördert, fördert sie somit auch die wirtschaftliche Entwicklung, allerdings nur so lange, wie es für die Ersparnisse auch genügend realwirtschaftliche Investitionsmöglichkeiten gibt. Wenn die Ersparnisse die Investitionsmöglichkeiten überwiegen, breitet sich wie dargelegt eine säkulare Stagnation aus.

In Bezug auf das Freiheitsideal und die persönlichen Entwicklungsmöglichkeiten der einzelnen Bürger, die doch auch Teil des allgemeinen Wohlbefindens sind, untergräbt die ungesteuerte marktwirtschaftliche Vermögensentwicklung aber ihre eigenen Ziele und wird das kreative Potenzial aller Bürger nicht optimal genutzt. Das gilt auch für das Verhältnis der einzelnen Länder zueinander.

In geschlossenen Volkswirtschaften können nationale Marktbedingungen, die zu zahlenden Steuern und Abgaben mit notwendigen staatlichen Regulierungen aufeinander abgestimmt werden. In einer globalen Wirtschaft werden durch den internationalen Handel nicht nur Waren getauscht, die ein Land besser als das andere herstellen kann, es entstehen auch international operierende Unternehmen, die in den verschiedenen Ländern Niederlassungen und Produktionsstätten unterhalten.

Gesteuert werden die globalen Unternehmen von den Sitzländern der Unternehmen. Dort sind auch die höher qualifizierten Arbeitskräfte beschäftigt. Deswegen haben es Entwicklungsländer meist schwer, höher qualifizierten Angestellten und Unternehmern Arbeitsmöglichkeiten zu bieten. Entsprechend fallen schon wegen der Gewinne und der höheren Löhne und Gehälter die meisten Steuern in den Sitzländern an. Noch lukrativer ist es für ein Land jedoch, wenn es nicht nur Sitz weltweit operierender Unternehmen ist, sondern sich auch zu einem Finanzzentrum entwickeln kann, denn durch Kapitalmarkttransaktionen wird weit mehr verdient, als in der Realwirtschaft.

Weltweit operierende Unternehmen können sich aber auch nationalen Beschränkungen und für sie ungünstigen Regelungen durch Verlagerung von Produktionskapazitäten und Logistikzentren entziehen. Zur Steuervermeidung können Transaktionen über Briefkastenfirmen in Steueroasen geleitet werden. Belohnt werden die Unternehmen auch dadurch, dass einzelne Länder besondere Vergünstigungen und Steuervorteile bieten, wenn der Firmensitz, Profitcenter und/oder die Produktion in ihr Land verlegt werden.

Da die Kapitalisten so von ihrem Wohnsitzland unabhängig werden und weltweit ihre Unternehmen nach Eigeninteressen steuern können, werden Staaten zunehmend machtloser, dieser Entwicklung Einhalt zu gebieten und daraus resultierende Krisen zu bekämpfen.

Dieser Wettbewerb zwischen den Staaten um Unternehmen und reiche Bürger hat die Staaten gezwungen, ihre Steuern immer weiter zu senken, um einer Abwanderung zu begegnen. Eher wurden Staatsausgaben durch zusätzliche öffentliche Verschuldung finanziert, als dass Steuern erhöht wurden, und wo die öffentliche Verschuldung an ihre Grenzen kommt, werden eher Sozialausgaben und notwendige öffentliche Investitionen zurückgefahren, als dass Unternehmen und Reiche mit Abgaben belastet werden.

Wenn Staaten Steuern erhöhen, wie zum Beispiel in Frankreich, drohen Kapitalisten und Unternehmen mit Abwanderung. Zwar wird von Neoklassikern auch gern argumentiert, dass niedrigere Unternehmenssteuern die Konjunktur fördern. Nach dem letzten Weltkrieg waren die Steuern in den USA nahe 90 % und vor 30 Jahren war in Deutschland der Spitzensteuersatz für Einkommen und Kapitalgesellschaften noch 56 % plus Gewerbesteuern, ohne dass bis dahin wegen des höheren Einkommensteuersatzes die Konjunktur gelitten hätte.

Die Abhängigkeit der Staaten von international operierenden Unternehmen nimmt immer dramatischere Ausmaße an. Mit einem Vorstandsbeschluss werden Produktionsstätten in einzelnen Ländern geschlossen und in andere Länder verlagert. Durch ihren Lobbyismus sitzen sie bei jeder Gesetzesplanung mit am Tisch, setzen Standards bis hin zu Saatgutveränderungen und Kartoffelsorten, an denen sie selbst über Lizenzzahlungen mit verdienen.

Über den liberalisierten Kapitalmarkt können spekulativ sehr schnell Geld und Kapital in bestimmte Regionen gepumpt und auch wieder abgezogen werden. Für solche Transaktionen müssen die betroffenen Länder selbst gar keine Veranlassung gegeben haben. Es reicht, wenn der Anlagedruck Kapitalisten veranlasst, Kapital in riskantere Regionen zu transferieren, das dann sofort wieder abgezogen wird, wenn sich abzeichnet, dass das Zinsniveau beispielsweise in USA ansteigt. Eine vernünftige oder unvernünftige Äußerung eines Notenbankchefs kann riesige Kapitaltransaktionen auslösen, die Länder in wirtschaftliche Notlage bringt.

Diese Probleme werden von Neoklassikern kaum thematisiert. Gefordert wird dagegen ein weiterer Zollabbau und eine weitere Liberalisierung des internationalen Handels und des Kapitalmarktes. Sehr anschaulich zeigt sich das bei der Propagierung der geplanten *Transatlantische Handels- und Investitionspartnerschaft* (THIP). Wikipedia schreibt: >>Nach offiziellen Stellungnahmen soll durch das Abkommen unter anderem das Wirtschaftswachstum in den Teilnehmerstaaten belebt, die Arbeitslosigkeit gesenkt und das Durchschnittseinkommen der Arbeitnehmer erhöht werden. Spitzenvertreter der Europäischen Union wie José Manuel Barroso, US-Präsident Obama, die deutsche Bundeskanzlerin Angela Merkel und zahlreiche weitere Spitzenpolitiker haben Notwendigkeit und positive Effekte des Abkommens vielfach betont,

Merkel meinte im Februar 2013: „Nichts wünschen wir uns mehr als ein Freihandelsabkommen zwischen Europa und den Vereinigten Staaten".[114][115][116][117] <<[118]

Wie kommen die Politiker zu derart optimistischen Prognosen? Typisch für die neoklassischen Berechnungen von Wohlstandsmehrungen durch Liberalisierung zeigt die Bertelsmann Studie *Die Transatlantische Handels- und Investitionspartnerschaft (THIP), Wem nutzt ein transatlantisches Freihandelsabkommen? Teil 1: Makroökonomische Effekte.*

Die Studie erwartet nur geringe Vorteile, wenn es nur zur weiteren Absenkung der Zölle kommt, weil die Zölle zwischen Amerika und Europa ohnehin schon sehr niedrig sind. Erheblich sind ihr zufolge die Wohlstandsmehrungen, wenn auch die nichttariflichen Handelsbarrieren fallen. Im Einzelnen prognostiziert die Studie:

>>1. der Handel zwischen USA und Deutschland wird durch die Abschaffung der Zölle unwesentlich gestärkt. Eine darüber hinausgehende Absenkung der nicht tarifären Barrieren im Rahmen eines umfassenden Liberalisierungsszenarios bringt sehr viel höhere Effekte. Die zu erwartenden Zuschüsse bewegen sich um 90 %. …

4. Der Handel Deutschlands mit dem ich BRICS-Staaten (Brasilien, Russland, Indien, China, Südafrika) würde durch das umfassende Abkommen um etwa 10 % relativ zum Ausgangsgleichgewicht fallen. Gegen die massive Ausweitung des

---

[114] Auswärtiges Amt, 19. Juni 2013: *Präsident Obama in Berlin – Noch enger zusammenrücken mit einer Freihandelszone*

[115] *USA und EU forcieren gigantische Freihandelszone*, Die Welt, Kanzlerin Angela Merkel: „Nichts wünschen wir uns mehr als ein Freihandelsabkommen zwischen Europa und den Vereinigten Staaten", Berlin, 3. Februar 2013 vor dem Bundesverband der Deutschen Industrie und „Irgendwann werden auch die schwierigsten Projekte Realität", ebenfalls Berlin, 4. Februar 2013, beim Empfang für das Diplomatisches Corps

[116] Thorsten Jungholt, Clemens Wergin: *Sicherheitskonferenz: USA und EU forcieren gigantische Freihandelszone*, Die Welt, 2. Februar 2013

[117] *Statement by José Manuel BARROSO, President of the EC, on the TTIP*:You Tube

[118] http://de.wikipedia.org/wiki/Transatlantisches_Freihandelsabkommen

transatlantischen Handels ist dies ein geringer Effekt. Der Handel der USA mit dem BRICS-Ländern würde allerdings deutlich stärker zurückgehen (30 %)

5. Der Handel der EU mit den Nachbarstaaten in Afrika in Nordafrika oder Osteuropa würde durch das umfassende Abkommen um durchschnittlich 5 % zurückgehen. Dies resultiert aus dem Umstand, dass durch THIP die existierenden präferenziellen Abkommen teilweise entwertet würden....

7. Die Absenkung nichttarifären Barrieren hat deutlich höhere Effekte auf die realen Pro- Kopf- Einkommen in Europa als die bloße Minimierung der Zölle. Nun zeigt sich, dass vor allem Großbritannien von der Initiative profitiert (Zuwachs von 9,70 %). Die skandinavischen Mitgliedstaaten, die baltischen Länder und Spanien sehen überdurchschnittliche Zuwächse. Deutschland profitiert mit 4,68 % etwas weniger als der Durchschnitt, der bei 4,95 % liegt.

13. ...Im OECD Durchschnitt werden allerdings insgesamt 2 Millionen zusätzliche Arbeitsplätze geschaffen. Im Zollszenario beträgt der Zuwachs an Arbeitsplatzplätzen immerhin noch eine halbe Million zusätzliche Stellen.<<[119]

Wie kommt die Bertelsmann-Studie zu so abwegigen Behauptungen? Sie geht wie alle neoklassischen Statements davon aus, dass alle Kostenersparnisse nicht nur Wachstumsmehrungen sind, sondern auch Mittel für weitere Investitionen und so weiteres Wachstum generieren. Ob es für die aus den Kostensenkungen und Einsparungen aufgrund des Abbaus tariflicher Hemmnisse resultierenden Ersparnisse genügend Innovationen und ob es für das prognostizierte Wachstum überhaupt eine kaufkräftige Nachfrage gibt, wird nicht hinterfragt. Es wird als selbstverständlich vorausgesetzt. Es wird nicht analysiert, wer von den Kosteneinsparungen und dem Abbau der nichttarifären Einfuhrbeschränkungen profitiert, und welche Sparrate diese Profiteure haben. Es wird nicht unter-

---

[119] Gabriel Felbermayr, Benedikt Heid, Sybille Lehwald: *Die Transatlantische Handels- und Investitionspartnerschaft (THIP), Wem nutzt ein transatlantisches Freihandelsabkommen? Teil 1: Makroökonomische Effekte.* http://www.bertelsmann-stiftung.de/cps/rde/xbcr/SID-291D5EE2-DADC6157/bst/xcms_bst_dms_38052_38053_2.pdf

sucht, ob und inwieweit durch die Senkungen von Zollabgaben und die Verringerung von nichttarifären Behinderungen im Zoll, in der Verwaltung, in Betrieben Arbeitskräfte freigesetzt werden und ob sie wieder Beschäftigung finden. In die Rechnungen gehen auch nicht Zoll- und Abgabenmindereinnahmen der Staaten ein und wodurch sie ersetzt werden. Es reicht, Kosteneinsparungen zu errechnen und daraus angebotsorientierte Wachstumserfolge zu prognostizieren!

Auch wird nicht untersucht, welche Auswirkungen diese geplante *Transatlantische Handels- und Investitionspartnerschaft* auf die einzelnen Regionen haben und inwieweit staatliche Ordnungsmacht von den globalen Playern noch besser unterlaufen werden können. Ein Segen ist, dass rechtzeitig aufgedeckt wurde, dass in dem Abkommen den globalen Unternehmen auch zusätzliche Klagemöglichkeit gegenüber Regierungen eingeräumt werden sollten, wenn ihre Gewinne beeinträchtigt werden. Eine traurige Studie, aber typisch für angebotsorientierte neoklassische Wirtschaftstheorien und Wirtschaftspolitik!

Die Skepsis über die prognostizierten Zukunftsperspektiven der Studie können auch durch Erfahrungen mit anderen Freihandelsabkommen bestätigt werden. So schreibt Jorge G. Castañeda: >>NAFTA brought neither the huge gains its proponents promised nor the dramatic losses its adversaries warned of. Everything else is debatable. Mexico, in particular, is a very different place today -- a multiparty democracy with a broad middle class and a competitive export economy -- and its people are far better off than ever before, but finding the source of the vast changes that have swept the country is a challenging task. It would be overly simplistic to credit NAFTA for Mexico's many transformations, just as it would be to blame NAFTA for Mexico's many failings.

The truth lies somewhere in between. Viewed exclusively as a trade deal, NAFTA has been an undeniable success story for Mexico, ushering in a dramatic surge in exports. But if the purpose of the agreement was to spur economic growth, create jobs, boost productivity, lift wages, and discourage emigration, then the results have been less clear-cut.<<[120]

---

[120] Jorge G. Castañeda: *NAFTA's Mixed Record, The View From Mexico*, published by the Council of Foreign Affairs, From our January/February

>>"Bei jedem Handelsabkommen gibt es Gewinner und Verlierer", sagt Joy Olson vom Forschungsinstitut Washington Office on Latin America (WOLA). "Nafta ist da keine Ausnahme." Kleine und mittlere Landwirtschaftsbetriebe in Mexiko leiden unter dem Wettbewerbsdruck der US-Agrarunternehmen. Heute ist Mexiko ein Netto-Importeur von landwirtschaftlichen Produkten. Großkonzerne konnten hingegen vom freien Warenverkehr profitieren.<<[121]

Wenn hier auf Probleme bei der Globalisierung hingewiesen wird, soll damit kein Plädoyer für nationale Volkswirtschaften gehalten werden. Zweifellos muss wirtschaftlich großräumig gedacht und gehandelt werden. Es müssen die Ordnungsstrukturen aber dem Wirtschaftsraum entsprechen und dabei regionale Besonderheiten berücksichtigt werden. Wegen mangelnder Berücksichtigung regionaler Besonderheiten wird ja sogar die EU schon kritisiert in ihrem Einheitsbestreben, bis zu den Gurkenmaßen. Trotzdem muss es für alle Europäer ein Glück sein, in einem einheitlichen bedeutenden Wirtschaftsraum leben und wirtschaften zu können.

Allerdings heißt das auch, dass sich alle Länder einer Gemeinschaft für die anderen mit verantwortlich fühlen müssen. Denn einen großen Wirtschaftsraum zu einem gemeinsamen Wohlstand zu führen, ist bereits eine immense Aufgabe, wie in der Europäischen Union insbesondere beim Gegensatz der Nord- und Südländer und Ost- und Westländer zu sehen ist. Dabei muss angestrebt werden, dass sich die Randländer ausreichend entwickeln können.

Das ist nur durch eine gemeinsame Außenwirtschaftspolitik gegenüber dem Gemeinschaftsausland möglich. Denn, wenn man die wirtschaftliche Entwicklung den globalen Playern und Kapitalmarktfonds überlässt, dann kommt es nicht zu einer ausgeglichenen Beschäftigung, bei der auch weniger Qualifizierte eine ange-

---

2014 Issue, http://www.foreignaffairs.com/articles/140351/jorge-g-castaneda/naftas-mixed-record
[121] Die großen Verlierer der Freihandelszone Nafta in DIE WELT 23.12.2013, http://www.welt.de/wirtschaft/article123252705/Die-grossen-Verlierer-der-Freihandelszone-Nafta.html

messene Bezahlung erhalten. Vielmehr würde die Konkurrenz der Billiglohnländer prekäre Arbeitsverhältnisse in der Gemeinschaft fördern.

Besonders betroffen wären davon die weniger entwickelten Länder Europas. Denn das Wichtigste für Investoren ist heute der Markt, und welcher Investor wird seine Produktion zum Beispiel in Griechenland oder Portugal oder Rumänien ausweiten, wenn er mit seinen Investitionen zugleich einen riesigen Markt in China, Brasilien oder Russland erobern kann. Ohne eine Harmonie fördernde Außenwirtschaftspolitik Europas wird es kaum zur Entwicklung von lohnintensiveren Fertigungen in den europäischen Randländern kommen. Ohne eine vernünftige Außenhandelspolitik werden die gesellschaftlichen Spannungen in Europa unerträglich zunehmen bis hin zur Ausländerfeindlichkeit und Rechtspopulismus.

Natürlich würde eine europäische Außenhandelspolitik - und das Gleiche muss natürlich auch anderen Wirtschaftsgemeinschaften zugebilligt werden - globalen Unternehmern möglicherweise nicht erlauben, alle Rationalisierungsmöglichkeiten voll auszunutzen. Aber wie dargelegt bewirken Rationalisierungserfolge primär höhere Gewinne der Kapitaleigner, während Arbeitsplätze eher wegfallen. Auch werden möglicherweise die Produktpreise nicht so stark fallen. Aber es ist besser, dass die Verdienenden etwas mehr für ihren Konsum bezahlen und dafür untere Einkommensbezieher zu höheren Löhnen beschäftigt werden können. Es darf nicht mehr im Sinne des *Shareholder Value-Prinzips* primär darum gehen, den Gewinn der Kapitaleigner zu erhöhen, sondern um bessere Versorgung und geringere Unterschiede in der Gesellschaft.

C. Notwendige Neubesinnung auf die Prinzipien einer gesunden Wirtschaft und wirtschaftspolitische Maßnahmen zur Bekämpfung der säkularen Stagnation und Stabilisierung der Wirtschaft

Nach der klassischen Wirtschaftstheorie sollte die Marktwirtschaft dafür sorgen, dass der Egoismus zugleich das Allgemeinwohl fördert. Voraussetzung für einen funktionierenden Markt ist aber ein fairer Wettbewerb aller Bürger und der ist nur gegeben, wenn alle Bürger gleiche Marktchancen haben. Durch die extrem ungleiche und immer ungleicher werdende Vermögensverteilung wird die Marktwirtschaft selbst zerstört. *Die Pervertierung der Marktwirtschaft durch Festhalten am feudalistischen Einkommensbegriff* muss deswegen überwunden werden.

Weil der Mensch die meiste Zeit seines Lebens auch in der Wirtschaft arbeitet, sollte die Wirtschaft auch der Ort sein, in dem er in der Arbeit möglichst Befriedigung und Selbstverwirklichung findet.

Der letztere Aspekt spielt in der neoklassischen Wirtschaftsideologie so gut wie keine Rolle, es sei denn der Mensch setzt seine besonderen Fähigkeiten so ein, dass sie zugleich den größten Gewinn bringen. Denn Gewinn machen ist für Marktwirtschaftler der eigentliche Zweck des Lebens. Soweit dieser Satz fortgesetzt wird mit: "um möglichst viel konsumieren zu können", mag diese These noch wirtschaftskonform sein, obwohl eine erfüllte Arbeit über die notwendigen Lebensbedürfnisse hinaus schon die höchste Befriedigung geben kann. Nur, wer die Arbeit als elende Plackerei empfindet, träumt davon, möglichst viel konsumieren zu können.

Aber leider ist das Leben so „ungerecht", dass diejenigen, die die höchste Befriedigung in der Arbeit finden, meist auch weit mehr Geld verdienen, als diejenigen, die keine besondere Freude an ihrer Arbeit haben. Aber der kapitalistischen Marktwirtschaft geht es nur nebenbei um den Konsum. Denn wenn alles Einkommen zu Konsumzwecken ausgegeben würde, gäbe es keine Investitionen und keinen technischen und wirtschaftlichen Fortschritt. Für die eigentlichen Marktwirtschaftler ist daher der Gewinn Selbstzweck, ob ich ihn für Konsumzwecke brauche oder nicht, ich sollte ihn maximieren wollen, und zur Maximierung muss ich alle Ersparnisse wieder investieren, damit ich noch mehr verdiene.

Je kapitalintensiver und rationeller ich produziere, umso höher ist der Gewinn. Dabei wird wie selbstverständlich vorausgesetzt, dass für Ersparnisse immer genügend Investitionsmöglichkeiten vorhanden sind. Leider hat sich diese Erwartung als Trugschluss herausgestellt. Mit steigendem allgemeinen Einkommen ergeben sich Sättigungstendenzen und dies umso schneller, je mehr die Einkommen überproportional bei den Vermögenden wachsen und andere Bevölkerungsschichten wegen Arbeitslosigkeit oder zu geringem Einkommen ihre Bedürfnisse nicht befriedigen können.

Dann befindet sich die Wirtschaft in einer säkularen Stagnation, die jederzeit in eine Deflation umschlagen kann, wenn Spekulationsblasen platzen oder Staaten keine Kredite mehr aufnehmen oder nicht mehr aufnehmen können, weil ihnen wegen drohender Zahlungsunfähigkeit keine Kredite mehr gegeben werden und auf diese Weise Überschussersparnisse nicht wieder in kaufkräftige Nachfrage verwandelt werden.

In einer solchen Situation befinden wir uns heute. Trotz niedrigster Zinsen reichen die realwirtschaftlichen Investitionsmöglichkeiten nicht aus, das Sparkapital zu binden. Die Zentralbanken sind ratlos und können mit weiteren Geldspritzen und Zinssenkungen auch nur die Spekulation weiter anstacheln. Die Überschuldung der Staaten ist so hoch, dass sich die Staaten *Schuldenbremsen* verordnen und Schulden zurückzahlen wollen, nicht beachtend, dass die Anleger und Gläubiger gar nicht wissen, wo sie das Geld anlegen können und damit allenfalls auch nur spekulieren können, das heißt Aktienkurse und Immobilienpreise, den Goldpreis, Rohstoffe etc. hochtreiben können.

Wie groß der Anlagedruck der Anleger ist, zeigt Gerald Pilz in seinem Buch *Ungewöhnliche Wertanlagen 25 Alternativen zu Festgeld & Co.* Der Verlag fasst den Inhalt des Buches wie folgt zusammen: >>Sparen lohnt sich schon lange nicht mehr. Die Zinsen für Sparbuch- oder Festgeldguthaben liegen weit unter der Inflationsrate. Damit schrumpft das reale Vermögen Jahr für Jahr. Was sind die Alternativen? Aktien, Gold, das Eigenheim? Oder doch etwas ganz andres? Gerald Pilz zeigt in seinem Buch *Ungewöhnliche Wertanlagen* 25 Alternativen zum herkömmlichen Sparen. Stets mit dem Ziel, den Wert des Vermögens zu erhalten und zu steigern. ... Das Spektrum ist sehr breit: Es geht um Spielzeug wie Teddys, um Spirituosen wie Whisky, Rum und Cognac, um Sammelobjekte wie Sammelkarten und Uhren, um Kunstgegenstände wie Porzellan, Gemälde und Skulpturen, um Naturgegenstände wie Fossilien und Meteoriten, um Literarisches wie alte Bücher, Comics und Original-Dokumente, um Grundstücke wie Agrarland und Wald, um Rechte wie Patente und um vieles mehr<<[122].

Aus den Anlageempfehlungen wird deutlich, dass es sich nur um Bestandsgüter geht, das heißt dadurch keine neuen Produkte vom Markt genommen werden, mit anderen Worten nur um *Spekulationsobjekte.*

In dieser Situation bleibt als einziger Ausweg, sich wieder darauf zu besinnen, dass nicht sinnlose Gewinnmaximierung, sondern Bedarfsdeckung Sinn des Wirtschaftens ist. Das heißt, nicht eine *angebotsorientierte,* sondern eine *nachfrageorientierte* Wirtschaftspolitik zu betreiben. Nachfrageorientierte Wirtschaftspolitik heißt, weniger darauf zu sehen, dass möglichst viel angeboten wird, sondern darauf, wofür Bedarf besteht.

Das bedeutet nicht, den Unternehmen Anreize zu Investitionen und zur zusätzlichen Produktion zu nehmen. Im Gegenteil, dadurch dass unbefriedigter Bedarf wieder Kaufkraft erhält, werden erst die stärksten Anreize für eine Ausweitung der Geschäftstätigkeit geschaffen.

Bevor erörtert werden kann, welche Maßnahmen in einer säkularen Stagnation durchgeführt werden müssen, müssen zunächst die Motive für das Wirtschaften selbst neu bedacht werden. Da der Gewinn als das Hauptmotiv für die wirtschaftliche Entwicklung geht, ist zunächst zu fragen, wem der Gewinn zuzurechnen ist.

Bisher galt als Regel, dass Arbeitnehmer nur Löhne und Gehälter bekommen, der Gewinn aber allein den Kapitalgebern zusteht. Nur Führungskräfte werden durch Boni am Gewinn beteiligt. Als Begründung wird angegeben, dass die Kapitalgeber auch für den

---

[122] Gerald Pilz: *Ungewöhnliche Wertanlagen 25 Alternativen zu Festgeld & Co.,* UVK, Konstanz 2014

Wirtschaftserfolg haften. Nun ist jedes Wirtschaften eine Leistung, an der alle Mitarbeiter beteiligt sind und entsprechend tragen auch alle das Risiko eines Scheiterns.

In den Unternehmen der frühen Volkswirtschaften oder bei Handwerksbetrieben, in denen Unternehmer und Kapitalgeber noch identisch sind, hatte oder hat die einseitige Zuordnung des Gewinns zum Unternehmer noch seine Berechtigung, denn sie arbeiteten noch mit ihren Arbeitnehmern persönlich zusammen. Aber in einer global tätigen Kapitalgesellschaft sind den Kapitalgebern das Schicksal der Arbeitnehmer und die Bedeutung eines Betriebes für eine Region völlig gleichgültig. Wenn das Unternehmen dadurch seinen Gewinn steigern kann, werden selbst ganze Betriebsstätten geschlossen und/oder in andere Länder verlagert. Hinzukommt, dass der Gewinn der Kapitaleigner in einer globalen Welt so extrem wachsen kann - jede Massenentlassung kann den Kurs der Aktien enorm steigern -, dass keine Angemessenheit mehr besteht zwischen dem Gewinn und dem Arbeitseinkommen. [123]

In einer Wirtschaft, deren Aufgabe es ist, eine größtmögliche Bedarfsdeckung zu ermöglichen, muss auch eine Vorstellung bestehen über die Angemessenheit von Einkünften in Bezug auf die erbrachte Leistung und in diese Bewertung sollte eingehen, was zusätzliche Einkommen für den Einkommensbezieher bedeuten.

Nach der *Grenznutzenschule* wird die Sättigung mit Konsumgütern in so genannten *Grenznutzwerten* gemessen. Das heißt, ein Konsumgut ist für den Konsumenten so viel wert, wie ihm die letzte konsumierte Einheit an zusätzlicher Befriedigung bringt. Angewandt auf Gewinnmaximierung müsste der Nutzen zusätzlicher Einkünfte daher laufend abnehmen. Für einen Multimilliardär wird der Lebensstandards um keinen Deut verbessert, wenn er 1 Million oder gar 1 Milliarde mehr verdient.

Wenn die Volkswirtschaften unter dem Gesichtspunkt optimaler Bedarfsdeckung betrachtet werden, dann muss das Auge, abgese-

---

[123] Detaillierter in: *Ist die Vergütung von Managern mit mehreren Millionen pro Jahr wirtschaftsethisch vertretbar?*, in: Uwe Petersen: *Unkonventionelle Betrachtungsweisen zur Wirtschaftskrise. Von Haien, Heuschrecken und anderem Getier.* Verlag Peter Lang 2011, S.87ff.

hen von den ins Prekariat absinkenden Arbeitern, auf die unzureichende Finanzierung kollektiver Bedürfnisse, die alle angehen, fallen, wie:

- unzureichende und zum Teil bereits marode Verkehrsinfrastruktur (Straße und Schiene),
- notwendige Erhöhung der Ausgaben für Bildung und Forschung und Entwicklung,
- notwendige zusätzliche Familienförderung,
- Beseitigung von Umweltschäden,
- Finanzierung der enormen Energiewendeinvestitionen,
- unzureichende allgemeine Altersversorgung und Krankenversicherung etc.

Die folgende Darstellung der wirtschaftspolitischen Maßnahmen zur Bekämpfung der säkularen Stagnation werden Vertreter der geltenden Wirtschaftsideologie als "unrealistisch" bezeichnen. Sie werden viele Argumente zusammentragen, wie die Investoren und Unternehmer die Maßnahmen umgehen oder in andere Länder ausweichen werden und dem Land, das keine angebotsorientierte Wirtschaftspolitik betreibt, schaden.

Diese Argumente sind dem Autor hinreichend bekannt. Sie sind aber nur insoweit gültig, als gegebene Verhältnisse extrapoliert werden. Wer die Zukunft nur nach zu Prinzipien gewordenen Vergangenheitserfahrungen beurteilt, hat sich vor Jahren auch nicht vorstellen können, dass Menschenrechtsverletzungen auch von Regierungschefs verfolgt werden können, die Wiedervereinigung Deutschlands friedlich erfolgte, Korruption zur Erlangung von Auslandaufträgen heute verfolgt wird, Steueroasen sich zur Zusammenarbeit mit ausländischen Finanzämtern verpflichten etc.

Aber so wie die Gewinnmaximierung erst im Kapitalismus zum leitenden Prinzip wurde und es vorher andere bedarfsorientierte Leitlinien gab, so wird man auch zu solchen zurückkehren können, ja müssen, da die allgemeine Gewinnmaximierung die Gesellschaft zerstört und die traditionellen wirtschaftspolitischen Maßnahmen zur Wirtschaftsankurbelung nicht mehr greifen. Darüber hinaus muss die Pervertierung des Marktes als Ort fairen Wettbewerbs durch Festhalten am feudalistischen Eigentumsbegriff überwunden werden. Selbstverständlich sind das schwierige, aber unbedingt notwendige Prozesse.

I. Verbesserung der Marktchancen für alle Bürger durch Überwindung der fortgeführten systemwidrigen feudalen Erbfolge

In Urzeiten, als sich die Jäger und Sammler noch eher als Glied eines Stammes und einer Familie fühlten, gab es nur bedingt ein persönliches Eigentum. Insbesondere Land und Boden, aber auch Wohnungen und Arbeitsmittel gehörten allen oder dem Stamm beziehungsweise der Familie.

Alte Bodenordnungen sahen auch noch gemeinsames Acker- und Weideland vor, das den einzelnen Familien zugeteilt wurde, aber nach der Ernte wieder in den Gemeinbesitz zurückfiel. Als sich die Besitzverhältnisse im Zuge der Individualisierung der Menschen weiter verfestigten, wurde Boden als Lehen vergeben, gehörte aber letztlich dem Lehnsherrn, der den Staat als Ganzes repräsentierte und der die Lehnsherrschaft mit seinem Tode verlor.

Im Feudalismus wurde dann Eigentum mit allem, was der Boden trägt, das heißt, auch die Wohnungen und Arbeitsmittel und letztlich sogar die Bauern, die den Boden bestellten, zum Eigentum der herrschenden Familien und wurde die Erbfolge auf die Nachkommen übertragen. Von der Adelsherrschaft befreien, konnten sich die Unterworfenen nur durch höfische, militärische oder kirchliche Karrieren oder, wenn sie in die sich bildenden Städte flüchteten.

Standesgemäßes Denken und Fühlen bestimmte auch noch die Zunftshandwerker. Man erstrebte nur ein standesgemäßes Einkommen und Vermögen. Ruinöser Wettbewerb war verpönt. Allerdings wurden zu den Zünften auch nur so viele zugelassen, wie zur Versorgung der Gesellschaft mit den jeweils produzierten Gütern benötigt wurden.

Diese Begrenzungen wurden durch die industrielle Revolution und den Kapitalismus durchbrochen. Ansehen erlangt der Bürger nicht mehr durch seinen Stand, sondern durch seine Leistung, die daran gemessen wurde, wie viel er verdiente und an Vermögen erwarb. Als gesellschaftliche Klammer und Regulation, die dafür sorgen sollten, dass egoistische Gewinnmaximierung auch das Allgemeinwohl förderte, galt der Markt.

Übersehen wurde dabei, dass Voraussetzung für einen fairen Wettbewerb auf dem Markt gleiche Startchancen alle Marktteilnehmer ist. Deswegen hätte dem Einzelnen eigentlich nur erlaubt sein dürfen, dass er persönlich seinen Gewinn und sein Vermögen maximiert. Nach dem Tode hätte das Vermögen abgesehen von persönlichen Konsumgütern wieder an die Allgemeinheit zurückfließen müssen. In Bezug auf die Generationenfolge wurde aber das feudale Prinzip fortgeführt. Sofern die Kinder in die Fußstapfen der Väter schlüpfen und einen Handwerksbetrieb fortführen, das heißt, noch mehr oder weniger nach Zunftprinzipien arbeiten, könnte das Übergehen des Unternehmens auf die Kinder gerechtfertigt werden. Darüber hinausgehendes Vermögen hätte aber wieder an die Gesellschaft zurückfallen müssen.

Handwerksbetriebe werden von Liberalen auch immer gern als Argument für großzügigere Erbschaftsregelungen angeführt, gelten aber nicht mehr für große Kapitalgesellschaften. Welche global arbeitende Kapitalgesellschaft wird noch persönlich von Nachkommen der Gründerfamilie geleitet? Allenfalls beherrschen Nachkommen der Gründerfamilien aufgrund ihres ererbten Eigentums noch die Gesellschaftsversammlungen und die Aufsichtsräte, obwohl sie dazu keinesfalls qualifizierter sein müssen als Fachkräfte ohne Kapitalanteile. Und, sofern Nachkommen sich emotional noch für das Unternehmen interessieren und entsprechende Fähigkeiten erwerben, könnten sie sich auch ohne beherrschenden Kapitalbesitz in wichtige Positionen des Unternehmens einarbeiten. Je globaler aber die Unternehmen operieren, umso anachronistischer werden ererbte Kapitaleignerstellungen.

Um durch ungleiche Vermögensentwicklung unerwünschte feudale Besitzverhältnisse zurückzuführen und neue zu verhindern, müssen angemessene Vermögens- und Erbschaftssteuern und notfalls Vermögensabgaben erhoben werden. Diese sind natürlich so zu gestalten, dass sie wirtschaftlich sinnvolle Aktivitäten nicht behindern[124], sondern wenn möglich stärken. Dabei sollten Erben nicht soweit geschröpft werden, dass sie ihren Lebensstandard merklich einschränken müssten. Je mehr aber private Gewinnmaximierung durch arbeitsplatzfreisetzende Rationalisierungen erreicht wird und sich die Anleger auf Kapitalmarktspiele verlegen,

---

[124] Siehe dazu: Petersen: *Wirtschaftsethik und Wirtschaftspolitik*, S. 406ff. und ders.: *Unkonventionelle ...III.*, S.53ff.

umso mehr wird auch die wirtschaftliche Entwicklung eher durch Ausbildungs- und Forschungs- und Entwicklungs- bis hin zur Familienförderung angeregt.

Besonders wichtig ist, die Abschöpfung von so genannten Bodenrenten. Es ist auch nach marktwirtschaftlichen und kapitalistischen Gesichtspunkten kaum nachzuvollziehen, warum aus Bodenrenten in bevorzugter Lage und Bodenspekulationen riesige Einkünfte realisiert werden. Mindestens sollten Erträge aus Grund und Boden so besteuert werden wie sonstige Einkünfte.

Da Bodenrenten als feudales Relikt besonders dem Grundsatz widersprechen, dass Grund und Boden wie Wasser und Luft allen gehören, sollten Grundstücke möglichst nur als Erbbaurechte vergeben werden mit Erbbaurenten, die den aus den Grundstücken realisierten Erträgen laufend angepasst werden. Bestehendes Grundeigentum sollte nach einer Frist von zum Beispiel 50 Jahren wieder an die öffentliche Hand zurückfallen und von da ab nur noch als Erbbaugrundstücke vergeben werden können.

Durch eine bessere Vermögensverteilung oder Rückführung des Vermögens in Allgemeineigentum und Nutzung der Erträge zur Ausbildung, Forschung und Entwicklung und gezielter Wirtschaftsförderung würden nicht nur die Startbedingungen auch für weniger Bemittelte verbessert. Es würde auch die Realwirtschaft besser gefördert. Maßgebend Innovationen werden nämlich nicht primär von Großunternehmen gemacht, sondern vielmehr durch breite staatliche Grundlagen- und Entwicklungsförderung.

Wie das Beispiel des *SilikonValley* zeigt, müssen zur technischen und wirtschaftlichen Entwicklung möglichst viele kreative Menschen tätig werden, die bei der Monopolisierung der Vermögen in der Hand von wenigen nur dann eine Chance zur Entfaltung ihrer Fähigkeiten haben, wenn sie genügend Eigenmittel für den Start haben und anschließend Mäzene finden, die die Ergebnisse wieder zu eigenen Gewinnmaximierung nutzen.

II. Notwendige wirtschaftspolitische Angleichung der volkswirtschaftlichen Ersparnisse an die realwirtschaftlichen Investitionsmöglichkeiten zur Überwindung der säkularen Stagnation

Soweit kollektive Bedürfnisse zusätzlich finanziert werden müssen, müssten dazu alle Einkommensbezieher entsprechend ihrer Leistungsfähigkeit herangezogen werden. Dazu bieten sich natürlich als Erstes höhere Steuern für höhere Einkommensbezieher und auf Erbschaften und Vermögen an.

Diese Notwendigkeit erkennt auch Thomas Piketty in seinem neuen Buch: „Das Kapital im 21. Jahrhundert". Carsten Brönstrup schreibt über ihn: >>Noch in den siebziger Jahren lag der Spitzensteuersatz in den USA bei mehr als 70 Prozent. Zu diesen Zeiten möchte Piketty zurück – er will den Fehler des Kapitalismus durch Umverteilung reparieren: mit einer progressiven Vermögensteuer, die Millionäre dazu zwingt, jährlich zwei Prozent ihres Besitzes abzugeben, bei Milliardären sollen es zehn Prozent sein. Zusätzlich verlangt er eine Einkommensteuer von bis zu 80 Prozent für Spitzenverdiener.<< [125]

Paul Krugman will, wie bereits erwähnt, die Einkommenssteuer sogar auf 91 Prozent erhöhen, wie es bereits nach dem Zweiten Weltkrieg war, und sieht darin den einzigen Weg zum Wachstum.

Es versteht sich, dass aus angebotsorientierter Wirtschaftstheorie höhere Steuern abgelehnt werden. Gegen hohe Erbschaftssteuern bei Vermögen, die in Unternehmen angelegt sind, wird häufig eingewandt, dass dadurch die Unternehmen gefährdet werden. Für Familienunternehmen wurde in Deutschland deshalb schon zugelassen, dass die Erbschaftssteuern nur gering sind, wenn das Unternehmen persönlich fortgeführt wird.

Wenn man bedenkt, wie hoch die Unternehmenssteuern und die hoher Einkommen nach dem letzten Weltkrieg waren, ohne dass deswegen nicht investiert wurde, dann sind irgendwelche Bedenken gegen höhere Steuern nicht nachzuvollziehen. Natürlich müs-

---

[125] Carsten Brönstrup: *Der Kapitalismus nützt nur denWohlhabenden, sagt der Ökonom Thomas Piketty. Nur mit höheren Steuern lässt sich das System retten*, in: DER TAGESSPIEGEL NR. 22 048 / 18. 5. 2014, S.22

sen dazu einheitlichere Steuerbelastungen international vereinbart und Steuerumgehungen besser verhindert werden. Meine Argumente und Vorschläge zur Steuer- und Abgabenproblematik lege ich ausführlich dar in: *„Erhöhung der Staatseinnahmen zur Sanierung der Staatsfinanzen"*[126].

Außer durch Steuerhöhungen sollten aber alle Bürger - wenn sinnvoll, entsprechend ihrem Einkommen - direkt mit den notwendigen sachbezogenen Beiträgen belastet werden, wie es bereits bei Kfz-und Straßenbenutzungsgebühren und der Finanzierung der öffentlich-rechtlichen Sender geschieht. Entsprechend könnten alle Einkommensbezieher, ob sie Kinder haben oder nicht, zu einer Kindergarten und Schulabgabe verpflichtet werden. Denn ein ausreichender Nachwuchs geht alle Staatsbürger etwas an. (Einzelheiten dazu erläutere ich in: *Unkonventionelle Betrachtungsweisen zur Wirtschaftskrise III. Was ist so Lösung der Krise zu tun?* Seite 120 ff.)

Nicht einzusehen ist auch, warum es Probleme mit einer unzureichenden Alterssicherung und Gesundheitsvorsorge gibt, zumal das Sozialprodukt nicht gefallen, sondern laufend gestiegen ist. Als Begründung wird angegeben, dass wegen des demographisch steigenden Alters immer weniger Arbeitskräfte immer mehr Rentner finanzieren müssen. Aber warum werden nicht alle Einkommensbezieher zu Renten-und Krankenversicherungsbeiträgen herangezogen und so eine allgemeine Grundsicherung ermöglicht? Wer eine noch bessere Versorgung will, kann Zusatzversicherungen abschließen.

Das bisherige Sozialversicherungssystem wird der solidarischen Verpflichtung für eine allgemeine soziale Sicherung ohnehin nicht gerecht. Es begünstigt sogar Arbeitsplatzvernichtung durch Rationalisierungsinvestitionen. Denn, wenn Arbeitskräfte wegrationalisiert werden, fallen entsprechend auch Arbeitgeberbeiträge zur Sozialversicherung weg. Wir haben es also nicht nur mit einer Verschiebung von Arbeitseinkommen zu Kapitalgewinnen zu tun, sondern die Kapitaleigner brauchen auch keine Sozialversicherungsbeiträge mehr zu zahlen.

---

[126] Uwe Petersen: *Unkonventionelle Betrachtungsweisen zur Wirtschaftskrise III*, S. 50ff.

Die Sorge und Diskussionen über Altersarmut und Zweiklassen-
gesellschaft im Krankheitsfall würden verschwinden, wenn alle
Einkünfte mit einer Sozialversicherungsabgabe belastet würden,
das heißt auch die höheren Gehälter und Einkünfte aus Renten und
anderen Quellen. Verfahrenstechnisch könnten die Gewinne aller
Unternehmen mit Sozialversicherungsbeiträgen belastet werden,
und entsprechende Steuergutschriften den Kapitaleignern erlauben,
ihre persönliche Sozialversicherungspflicht entsprechend zu kürzen.

Das Sozialversicherungsaufkommen könnte so stark steigen,
dass die prozentuale Belastung der bisher allein Verpflichteten
fallen würde. Zugleich würden die bisherigen Arbeitgeberbeiträge
wegfallen und würden somit arbeitsintensive Unternehmen nicht
mehr stärker belastet, als Unternehmen mit weniger Arbeitskräften.
Durch eine solche Umstellung könnte somit auch der
Deindustriali-sierung in den Industrieländern entgegengewirkt
werden.

III. Die „Renaturalisierung" des Geld- und Kapital-
marktes

Der Geld-und Kapitalmarkt sind natürlich keine Naturerscheinun-
gen. Wenn hier von Renaturalisierung des Geld- und Kapitalmarktes gesprochen wird, so ist damit gemeint, den Kapitalmarkt aus
einem Spielcasino soweit wie möglich wieder zu einer Börse von
Kapital für realwirtschaftliche Investitionen Suchende und Ersparnisse Anbietende zu machen. Dazu sind folgende Schritte notwendig:

1. Notwendige Neutralisierung umlaufender Staatsanleihen
   zur Verringerung der Währungsspekulationen anstatt Aufkauf durch die Zentralbanken
2. Bankenregulierung
3. Reform der Geldpolitik

1. Notwendige Neutralisierung umlaufender Staatsanleihen zur Verringerung der Währungsspekulationen anstatt Aufkauf durch die Zentralbanken

Wie oben dargelegt, haben Staatsanleihen keinen dinglichen Gegenwert, weil die aufgenommenen Mittel als Staatsausgaben wieder in den volkswirtschaftlichen Konsum geflossen sind. Auch wenn öffentliche Kreditaufnahmen für Investitionen verwandt wurden, müssen sie als Staatsverbrauch gelten. Denn sie bringen keinen finanziellen Gewinn, der in Form von Abschreibungen thesauriert wird und zur Schuldentilgung an die Anleger zurückgezahlt werden kann.

Wollte man die öffentlichen Schulden zurückzahlen und dafür Staatsausgaben kürzen, würde sich in Zeiten der säkularen Stagnation der Kapitalanlagedruck noch weiter erhöhen und, soweit die Gläubiger die zurückgezahlten Schulden nicht auf dem Kapitalmarkt verbrennen können, würde sich die Deflationsgefahr erhöhen.

Werden als Ausgleich zur Schuldentilgung gar soziale Ausgaben gekürzt, können, wie die Erfahrung zeigt, zusätzlich soziale Unruhen ausbrechen. Faktisch gibt es deswegen kaum echte Rückzahlungen von Staatsschulden, sondern werden fällige Rückzahlungen nur regelmäßig durch entsprechende neue Schuldenaufnahmen refinanziert, also praktisch die Altschulden nur prolongiert.

Da die Politiker die Problematik echter Rückzahlungen kennen, wenn sie wegen ihrer angebotsorientierten Wirtschaftsideologie auch die Erhöhung der dadurch bedingten Nachfragelücke nicht sehen, wird eine Reduzierung der öffentlichen Schuldenrate auch nur dadurch erwartet, dass keine *zusätzlichen* Schulden aufgenommen werden sollen. Man setzt darauf, dass sich wegen des weiterhin erwarteten wirtschaftlichen Wachstums die Schuldenquote im Verhältnis zum Bruttosozialprodukt automatisch reduziert. Bei erwarteten 1-2 prozentigen Wirtschaftswachstum kann man jedoch lange warten, bis sich die Schuldenlast so stark gesenkt hat, dass gefährdete Staaten wieder als kreditwürdig gelten. Eher ist zu erwarten, dass bei zukünftigen Krisen die allgemeine Staatsschuld weiter zusätzlich erheblich steigt.

Die Hoffnungen auf diese Weise die öffentlichen Schulden wirklich zu senken, zumal, wenn die Wirtschaft in den gefährdeten

Staaten noch schrumpft und zu erwartende weitere Wirtschaftskrisen die allgemein Staatsverschuldung weiter erheblich ansteigen lassen wird, können ohnehin als illusorisch gelten. Aus diesen Gründen kann man die umlaufenden Staatsanleihen füglich als „Schrottpapiere" charakterisieren, deren Wert nur von dem Glauben der Anleger genährt wird, dass sie oder andere Anleger fällige Schulden refinanzieren.

Die umlaufenden öffentlichen *Schrottpapiere* haben inzwischen einen unvorstellbar großen Umfang angenommen. dpa-berichtete am 14.3.2014: >>Mitte des vergangenen Jahres habe das Volumen aller im Umlauf befindlichen Schuldtitel schätzungsweise 100 Billionen US-Dollar (72 Billionen Euro) betragen, hieß es in dem am Sonntag veröffentlichten Quartalsbericht der Dachorganisation der Notenbanken. Vor der Lehman-Pleite 2008 hatte der Schuldenberg „nur" ein Volumen von etwa 70 Billionen Dollar erreicht. Nach der Finanzkrise hätten Staaten und Unternehmen in großem Umfang Anleihen ausgegeben, erklärten die BIZ- Experten den starken Anstieg der Verschuldung. Hintergrund waren in erster Linie Konjunkturprogramme und Geldspritzen für Bankenrettungen. Den Bestand der staatlichen Schuldtitel beziffert die BIZ bis Mitte Juni 2013 auf 43 Billionen Dollar. Dies seien etwa 80 Prozent mehr staatliche Schulden weltweit als Mitte 2007.<< [127]

Nun bildet die umlaufende Menge von Staatspapieren ein riesiges Spekulationspotenzial, durch das einzelne Volkswirtschaften, aber auch die Weltwirtschaft als Ganzes empfindlich gestört werden können. Zunächst trifft es einzelne oder mehrere Staaten, die als insolvent gelten. Sie erhalten dann weder weitere Kredite für aufzunehmende Neuverschuldung noch für die Rückzahlung der fälligen Altschulden. Wegen der Staatsinsolvenz gilt das Land dann auch nicht mehr als attraktiver wirtschaftlicher Standort. Das Kapital verlässt das Land, und damit stürzt auch der Währungskurs ab mit der Folge, dass Waren nur noch teurer eingeführt werden können.

---

[127] dpa Basel:*100 Billionen Dollar Schulden Weltweit enormer Anstieg seit der Lehman-Pleite*, in:
WWW.TAGESSPIEGEL.DE/WIRTSCHAFT, MONTAG, 10. MÄRZ 2014 / NR. 21 982, S.13.

Die nationalen Wirtschaftsprobleme schwappen auf das Ausland über. Die Verluste aus den abgewerteten oder wertlos gewordenen Staatsanleihen können Gläubiger, die die Papiere mit Kreditmitteln finanziert haben, und Banken ebenfalls in die Insolvenz treiben mit entsprechenden Folgen für die übrige Wirtschaft. So kann aus der Wirtschaftskrise eines Landes eine weltweite Krise werden oder, wie im Falle eines Eurolandes eine Krise der Eurozone insgesamt und darüber natürlich auch wieder der Weltwirtschaft.

Fluchtgelder aus einem Land in ein anderes können auch dort wirtschaftliche Probleme verursachen. So muss oder musste sich die Schweiz lange Zeit gegen den Aufkauf von Schweizer Franken wehren, damit der Frankenkurs nicht zu hoch getrieben wird und damit die Exporte der Schweiz zu teuer und damit gefährdet werden. Für solche Kapitalverschiebungen brauchen die primär betroffenen Länder gar nicht die Ursache zu sein. Es kann reichen, dass die amerikanische Zentralbank ihr Zinsniveau erhöht oder auch nur zu erhöhen beabsichtigt und Kapital wird aus Entwicklungsländern abgezogen und in die USA transferiert. Die Folgen sind ein Kursverlust der Währungen der Entwicklungsländer und ein Kursgewinn für den Dollar, beides möglicherweise nicht erwünschte Effekte.

Je mehr Staatsanleihen auf dem Kapitalmarkt gekauft und verkauft werden, umso größer ist das darin liegende Krisenpotenzial. Deswegen ist die Verringerung der umlaufenden Staatspapiere nicht nur wegen möglicher Staatsbankrotts nötig, sondern auch, weil negative Auswirkungen von Kapitaltransfers von einer Staatsschuld in eine andere oder in eine andere Anlageformform wirtschaftliche Probleme bewirken kann.

Alle Staatsanleihen repräsentieren wie dargelegt keine dinglichen Werte und folglich halten die Gläubiger der Staatsschulden eigentlich wertlose Papiere. Das heißt: Würde man in der Wirtschaft alle Forderungen und Schulden saldieren, würden dies scheinbaren Vermögenswerte sich in Luft auflösen. Deswegen wäre es angebracht, dass alle Staaten Zahlungsunfähigkeit erklären oder Vergleiche anbieten und die Staatsschulden und die entsprechenden Forderungen wegfallen oder sich reduzieren. Obwohl das bei privater Zahlungsunfähigkeit die normale Folge ist, hüten sich die Staaten selbst bei einem offensichtlichen Staatsbankrott, die privaten Gläubiger die Verluste tragen zu lassen. Sie befürchten, dass als Folge andere Länder auch als insolvent angesehen werden, die Banken zusammenbrechen und Wirtschaftskrisen entstehen.

Je größer das umlaufende Volumen von Staatsschulden ist, umso mehr ist diese Furcht auch berechtigt. Deswegen ist es voll berechtigt, dass Staatsschulden nicht nur wegen der Gefahr einer Zahlungsunfähigkeit zurückgeführt werden, sondern generell Staatsschulden vom Kapitalmarkt soweit wie möglich verschwinden. Aber wie kann das geschehen?

Wie sahen bereits, dass Rückzahlungen von Staatsschulden die Nachfragelücke auf dem realwirtschaftlichen Markt und damit die Deflationsgefahr erhöhen, wenn die Rückzahlungen aus der Reduzierung öffentlicher Ausgaben finanziert werden, weil insoweit öffentliche Nachfrage ausfällt. Denn die Gläubiger finden in Zeiten der säkularen Stagnation keine zusätzlichen realwirtschaftlichen Investitionsmöglichkeiten. Bleibt nur, dass die Schulden aus höheren Steuern bis hin zu Vermögensabgaben[128] bezahlt werden.

Da die höheren Steuern und Abgaben primär von den oberen Einkommensbeziehern und Vermögenden erhoben werden müssen - soweit niedrige Einkommensbezieher davon betroffen würden, würde es wiederum zulasten der Konsumquote gehen -, zahlen die Reichen letztlich an sich selbst, weil sie auch primär die Gläubiger der Staatsschulden sind. Wie negative Wirkungen bei Vermögensabgaben und hohen Erbschaftssteuern auf Betriebsvermögen verhindert werden können, dazu siehe meine Ausführungen: *Besteuerung des Wirtschaftgeschehens zur Vermeidung einer Neuverschuldung* in: Unkonventionelle Betrachtungsweisen zur Wirtschaftskrise III. Was ist zur Lösung der Krise zu tun?, Seite 50ff.

Je eher der Markt von Staatspapieren ausgetrocknet wird, umso besser. Man muss sich einmal klarmachen, dass Schuldenabbau aus den verschiedenen angegebenen Gründen letztlich primär von denen selbst finanziert werden müssen, die auch die Gläubiger der

---

[128] Siehe dazu: Petersen: *Eine Solonische Entschuldung der öffentlichen Hände* in: Wirtschaftskrise Von Haien, Heuschrecken und anderem Getier, Seite 109ff und ders.: *Die Verhinderung und Rückführung zu starker Vermögens- und Einkommensunterschiede* in: Unkonventionelle Betrachtungsweisen zur Wirtschaftskrise III. Was ist zur Lösung der Krise zu tun?. Seite 50ff.

Staatsschulden sind, und zwar ganz gleich ob in dieser oder der nächsten Generation. Damit erweist sich auch das alberne Gerede, dass wir zukünftige Generationen nicht mit gegenwärtigen Staatsschulden belasten dürfen, als unverständlich. Denn die Gläubiger der Staatsanleihen gehören auch zur nächsten Generation, müssen vereinfacht gesprochen die Schulden auch dann an sich selbst zurückzahlen.[129]

2. Bankenregulierung

Wenn von den Ursachen der Wirtschaftskrise gesprochen wird, dann wird meist den Banken die eigentliche Schuld zugesprochen und der Politik, weil sie die Regeln für die Bankentätigkeit immer weiter liberalisiert und insbesondere deren Kreditschöpfungsmöglichkeiten vergrößert hat. Ein Meilenstein, der heute als Fehler betrachtet wird, war die Aufhebung des *Glass-Steagall-Acts* durch den damaligen US-Präsidenten Bill Clinton auf Antrag des damaligen Notenbankchefs Alan Greespan. Der Glass-Steagall-Act gebot die Trennung von Geschäftsbanken und Investitionsbanken, so dass private Sparguthaben und Bankeinlagen nicht zur Finanzierung von Investitionsspekulationen verwandt werden konnten

Bei der Kritik an der damaligen Deregulierung der Bankgeschäftsmöglichkeiten wird übersehen, dass sie ganz im Sinne der angebotsorientierten Wirtschaftspolitik die Unternehmertätigkeit der Banken und über die leichtere Kreditvergabe auch die Investitionsmöglichkeiten der Anleger und Unternehmer fördern sollte und das auch getan hat. Sie hat die Immobilienspekulation begünstigt und verhindert, dass das vom Immobilienboom ausgelöste amerikanische Wirtschaftswachstum, das auch auf die gesamte Weltwirtschaft ausstrahlte, zusammenbrach. Sie hat im Sinne der bisherigen Ausführungen beigetragen, Überschusskapital zu *verbrennen* und damit insoweit eine volkswirtschaftliche und weltwirtschaftliche Nachfragelücke verhindert.

Wenn dagegen nunmehr die Bankentätigkeit wieder reguliert werden soll, so wird damit zugleich auch das Verbrennen von Kapital behindert, so dass Wirtschaftsstagnation und Deflation geför-

---

[129] Siehe dazu: Petersen. *Die gespaltene Generation* in: Wirtschaftskrise Von Haien, Heuschrecken und anderem Getier, Seite 65.

dert werden. Wer eine Bankenregulierung fordert, ohne auf andere Weise dafür zu sorgen, dass die volks- und weltwirtschaftliche Nachfrage den Angebotsmöglichkeiten angenähert wird, braucht sich nicht zu wundern, dass die Preise nicht steigen und die Notenbanken Deflationen befürchten. Wer der angebotsorientierten Wirtschaftspolitik verhaftet bleibt und alternative Nachfragesteigerungen, wie zum Beispiel durch höhere öffentliche Ausgaben, ablehnt, der muss Spekulationen und deren Zusammenbruch als normalen Wirtschaftszyklen akzeptieren, das heißt Spekulation sogar weiter fördern.

Als wirtschaftspolitische Devise müsste dann gelten: "Blasen her!", Wie K. Singer die Thesen von Krugman und Summers kommentierte, wenn er schreibt: >>Nobelpreisträger Krugman hat die These von Summers enthusiastisch gefeiert, wonach die Welt Gefahr läuft, in eine säkulare Stagnation abzutauchen. Vor diesem Hintergrund preist Summers Assetpreis-Blasen nicht nur als zwangsläufig an, sondern als wünschenswert. Und Krugman, der Preisgekrönte, applaudiert. Krugman und Summers sehen die Welt in der Liquiditätsfalle. Nach Summers sind die seit den späteren Reagan-Jahren wiederholt aufgetretenen Blasen nötig, um die Wirtschaft nahe Vollbeschäftigungs-Niveau zu halten.<<[130]

Wie die Erfahrungen aus der letzten Krise zeigen, haben die den Spekulationen folgenden Krisen so verheerende zerstörerische Wirkung auf die Wirtschaft, dass damit etwaige Konjunkturbelebungen mehr als zunichte gemacht werden. Deswegen bezeichnet Singer die Blasenthese als „perverse Logik" und führt dazu aus: >>Ein *wichtiges Grundproblem ist, dass das Kreditsystem von der Spekulation umfassend infiziert* ist. Dieses Problem wurde bisher nicht beseitigt und das macht die Träumerei von wohltuenden Preisblasen besonders gefährlich. Was hat es für einen Sinn, wenn in der zurückliegenden Hauspreisblase zwar zunächst annähernd Vollbeschäftigung erreicht wurde, um dann aber im folgenden Crash allen dadurch geschaffenen Wohlstand wieder auszuradie-

---

[130]K.Singer:*Blasenher!*
http://www.timepatternanalysis.de/Blog/2013/11/27/blasen-her/

ren? Davon waren insbesondere die mittleren und eher unterdurchschnittlichen Einkommensklassen betroffen, die nicht genügend Cash-Reserven hatten, um die Krisenfolgen abzufedern.<<[131]

Zu Recht glaubt Singer nicht einmal an eine Wirtschaftsbelebung durch *Blasenförderung.* Er schreibt: >>Wenn die Kapital-Effizienz deutlich und nachhaltig sinkt, investieren Unternehmen nicht mehr in dem Maße, wie es erforderlich wäre, Wachstum zu unterstützen. Zum einen haben Manager, Investoren und Wall Street kurzfristige, an Gewinnen orientierte Anreize. Zum anderen (und wichtiger) aber: In einer *Bilanz-Rezession* reduziert der private Sektor, Unternehmen wie Haushalte, seine Schulden, was gleichbedeutend mit Sparen ist. Dadurch wird ein deflationärer Prozess in Gang gesetzt. Niedrigere Zinsen ändern daran erst einmal nichts. Will man in dieser Situation Inflation induzieren, erreicht man eher, dass die Unsicherheit des privaten Sektors über die künftige Entwicklung zunimmt, woraufhin dieser seine realen Ausgaben reduziert und damit die wirtschaftlichen Aktivitäten weiter schwächt.<<[132]

Mit diesen Ausführungen soll nicht gegen die politischen Initiativen zur Stabilisierung des Bankensystems argumentiert werden. Es soll lediglich darauf hingewiesen werden, dass für sich allein die Bankenregulierung keine Lösung ist, sondern nur das Verbrennen Kapital verhindert und insofern säkulare Stagnation weiter verschärft.[133]

3. Regulierung des Geldmarktes

Aus den wirtschaftlichen Erfahrungen seit den achtziger Jahren und den bisherigen Ausführungen dürfte klar geworden sein, dass entgegen der klassischen Wirtschaftstheorie nicht allein eine zu große Menge umlaufenden Geldes Inflation auslöst, sondern mit entscheidend ist, wer das Geld als Kaufkraft nutzen kann. Nur

---

[131] K. Singer: a.O.

[132] a.a.O.

[133] Detaillierter in: *Können Weltwirtschaftskrisen durch eine restriktivere Regulierung der Bankgeschäfte verhindert werden?* in: Petersen: Unkonventionelle Betrachtungsweisen zur Wirtschaftskrise. Von Haien, Heuschrecken und anderem Getier. Verlag Peter Lang 2011, S.103ff.

wenn das Geld in die Hände von Konsumenten oder realwirtschaftlich Investierende kommt, wird es zur Nachfrage und kann, wenn dadurch die volkswirtschaftliche Nachfrage das Angebot überschreitet, zu inflationären Preissteigerungen führen. Wenn jedoch, die Arbeitnehmer wegen des nationalen und/oder internationalen Wettbewerbs ihre Löhne nicht oder nicht über die wachsende Produktivität hinaus steigen können, erhöht sich die Nachfrage nicht. Wenn deswegen die Lohnsteigerungen sogar geringer als die Produktivitätssteigerungen sind, erhöht sich in Zeiten der säkularen Stagnation die Nachfragelücke sogar noch mehr, und zwar sogar trotz steigender Geldmenge. Denn die Unternehmer sehen auch dann für ihre höheren Gewinne nicht genügend realwirtschaftlich lohnende Investitionsmöglichkeiten. Das überschüssige in den Wirtschaftskreislauf gepumpte Geld kann dann nur für Spekulationszwecke verwendet werden und die Kurse von Aktien und die Preise von gehandelten Bestandswerten, wie Immobilien, Gold etc. steigern.

Obwohl sich auch bei wirtschaftlichem Wachstum das Preisniveau nicht erhöhen muss, denn nach dem *Sayschem Theorem* steigen mit der Produktion auch die Einkommen, die die Produkte kaufen, erwarten angebotsorientierte Wirt-chaftspolitiker bei einem Aufschwung ein steigendes Preisniveau. Sie setzen dabei voraus, dass die Investitionsfrage so stürmisch ist, dass die Nachfrage nach Kapital die volkswirtschaftlichen Ersparnisse überschreitet.

Das ist aber in Zeiten einer säkularen Stagnation allenfalls bei überbordenden Spekulationen in Immobilien oder wie im Falle der *dot-com-Blase* in neue *start-ups* zu erwarten. Im Allgemeinen reicht in Zeiten einer säkularen Stagnation das angebotene Sparkapital alle Mal aus, ein ausreichendes Wachstum zu ermöglichen, ohne dass deswegen das allgemeine Preisniveau steigen muss.

Es kann natürlich zu Scheininflationen kommen, wenn infolge wirtschaftlichen Wachstums oder auch Spekulationen Energie- und Rohstoffpreise steigen, die wegen zu geringer Preis-Elastizität nach unten nicht durch entsprechendes Fallen der Preise anderer Güter ausgeglichen werden.[134]

---

[134] Solche Preisniveauerhöhungen spiegeln nur die relative Verknappung einzelner Rohstoffe oder auch von Nahrungsmitteln, die dann durch gezielte Produktionssteigerungen oder bessere Ernten wieder ausgeglichen

Aber selbst, wenn die allgemeinen Preissteigerungen durch Lohnerhöhungen erzwungen werden, die dann von den Unternehmern wieder auf die Preise aufgeschlagen werden, das heißt, bei Kosteninflationen aufgrund von Lohn-Preis-Spiralen, muss das kein Grund sein, eine Überwindung der Stagnation anzunehmen. Wie in der Phase der *Stagflation* bis in die Achtzigerjahre gezeigt wurde, schließen Kosteninflation und Stagnation sich nicht aus.

Aus den Erfahrungen, insbesondere der letzten 10 Jahren, muss die Korrelation zwischen Inflation und Konjunktur neu durchdacht werden. Diese Erfahrungen haben ja auch schon dazu geführt, dass die Geldmenge von den Zentralbanken unabhängig von dem realwirtschaftlichen Liquiditätsbedarf ausgeweitet wird und damit nur noch Kapitalmarkttransaktionen finanziert werden.

Wenn man glaubt, die Konjunktur im Sinne der angebotsorientierten Parole "Blasen her!" anregen zu können, dann sollte die bisherige Praxis der Notenbanken, die Wirtschaft immer weiter mit Geld zu fluten, und ihre Bereitschaft, im Falle von drohender Zahlungsunfähigkeit einzelner Staaten, unbeschränkt deren Staatsanleihen aufzukaufen, fortgesetzt werden. Aber auch, wenn man erkennt, dass die Notenbanken durch noch so tiefe Zinsen und hohen Geldschwemmen die Realwirtschaft nicht beleben können, sollte auch nicht zu der bisherigen Geldpolitik zurückgekehrt werden.

Aufgabe der Zentralbanken ist, die Wirtschaft mit ausreichender Liquidität zu versorgen. Je größer der Liquiditätsbedarf für Kapitalmarkttransaktionen ist, so mehr Geld muss natürlich umlaufen, weil wegen der hohen Gewinne, die mit Kapitalmarkttransaktionen verdient werden können, der Realwirtschaft nur Kredite gewährt werden, nachdem der Kreditbedarf des Kapitalmarktes befriedigt ist.

---

werden. Da die Zentralbanken zwischen allgemeinen Preiserhöhungen und Preiserhöhungen knapper gewordener Güter, die das allgemeine Preisniveau auch nach oben treiben, nicht unterscheiden, nahmen sie solche strukturellen Preiserhöhungen sogar zum Anlass, das Zinsniveau zu erhöhen, obwohl sie doch wissen mussten, dass sie ohne Gefahr für die Konjunktur Preise von bestehenden Gütern nicht durch geldpolitische Maßnahmen senken können.

Da ein hoher Geldumlauf Spekulation begünstigt, nicht zuletzt auch in Währungen, und daraus erhebliche Risiken für die Realwirtschaft resultieren können, sollte der Kapitalmarkt möglichst ausgetrocknet werden. Dazu wurden schon als wichtige Maßnahme das Zurückführen der umlaufenden dinglich ohnehin wertlosen Staatsanleihen und die stärkere Regulierung der Bankentätigkeit empfohlen.

Solange noch so viele Staatspapiere im Umlauf sind und die Staatsverschuldung der Länder hoch ist, muss zwar die Aufkaufgarantie der Europäischen Zentralbank für Altschulden bestehen bleiben, um Spekulationen gegen einzelne Länder nicht zu einem Flächenbrand werden zu lassen. Die Aufkaufgarantie sollte aber nicht für neue Schulden gelten. Denn eine solche verführt marode Länder dazu, sich weiterhin auf dem Kapitalmarkt zu refinanzieren und dabei von der Garantie der Zentralbank zu profitieren.

So plazierte Griechenland im April 2014 auf den Kapitalmarkt neue Anleihen zu einem Zinssatz von 4,75 %, wofür letztlich alle Staaten der Eurozone haften. Zugleich kann dadurch das Zinsniveau für andere Länder steigen. Wenn ein Land wie Griechenland zusätzliche Kredite braucht und das von den mit haftenden Ländern der Eurozone anerkannt wird, dann sollten die Kredite direkt von der EZB möglichst zum Nullzinssatz Griechenland gewährt werden und sollten davon keine spekulativen Anleger profitieren. Wenn ein Land wie Griechenland aber entgegen der Zustimmung der übrigen Länder der Währungszone neue Kredite auf dem Kapitalmarkt aufnimmt, sollte die EZB dafür keine Aufkaufgarantie geben.

Ein solcher direkter Ankauf von Staatsanleihen durch die Zentralbank wurde zwar bisher als unzulässige Staatsfinanzierung durch die Staatsbank abgelehnt. Solange aber die Zentralbank unabhängig ist und sie diese Kredite nach Gesichtspunkten der Geldversorgung für die Wirtschaft gewährt, sollte die Geldversorgung der Wirtschaft sogar bevorzugt durch direkte Kredite an die Staaten erfolgen. Dadurch wird verhindert, dass

- weitere Staatsanleihen auf dem Kapitalmarkt umlaufen,
- die Zinsen für die Staaten relativ gering ausfallen können und

- Spekulanten an der Geldschöpfung der EZB nicht auch noch verdienen.

Ausführlichere Vorschläge dazu mache ich in: *Die Sanierung des Geldmarktes* in: Unkonventionelle Betrachtungsweisen zur Wirtschaftskrise III. Was ist zur Lösung der Krise zu tun?. Seite 86ff.

IV. Grenzen der Globalisierung

Internationale Arbeitsteilung und Zusammenarbeit fördern nicht nur den Wohlstand und bereichern das Leben, sie bringen auch Menschen und Kulturen zusammen und tragen zum Weltfrieden bei. Aber die Globalisierung der Wirtschaft ebnet auch einerseits regionale Unterschiede ein und führt andererseits zur Ballung von Industrie und Dienstleistungen an bestimmten Orten und damit zu einer undifferenzierten Wirtschaftsstruktur in weniger entwickelten Orten.

In den traditionellen Industrieländern, begann es mit der Landflucht, die große soziale und wirtschaftliche Gegensätze zwischen Stadt und Land bewirkte. Wir sahen, dass auch durch die Globalisierung der Wirtschaft die wirtschaftliche Entwicklung zwar in allen Ländern beschleunigt wurde, zugleich aber die entwickelteren Länder stärker davon profitieren als die weniger entwickelten. Zudem entstehen bei unkontrollierter wirtschaftlicher Globalisierung von Privatinteressen gesteuerte weltweit operierende Machtzentren, die den allgemeinen Wohlstand und letztlich auch die Wirtschaft zerstören können.

Um die Nachteile der Globalisierung nicht zu weit zu treiben und damit sich keine gesellschaftlichen und politischen Spannungen zwischen den Ländern entwickeln, muss darauf geachtet werden, dass die politischen Ordnungsstrukturen nicht verloren gehen. So ist es zwar notwendig, dass größere wirtschaftliche und politische Regionen sich zusammenschließen, um ein Land nicht zum Spielball im weltwirtschaftlichen Wettbewerb und von Spekulanten zu machen. Internationale Wirtschaftsgemeinschaften sollten aber wirksame politische Strukturen haben. Es sollten Mechanismen und Regeln entwickelt worden sein, die eine harmonische gemeinsame Entwicklung garantieren und wirtschaftliche Nachteile einzelner Regionen ausgleichen. Dabei müssen Länder mit größerer Industrieballung oder Verwaltungs- und Finanzzentren, die über höhere Steuereinnahmen verfügen, einen Teil ihrer Einnahmen an weniger entwickelte Regionen abgeben.

Bei der Strukturierung von Wirtschaftsgemeinschaften ist zugleich zu beachten, dass neben dem industriellen Entwicklungsstand die Marktgröße mit entscheidend für die wirtschaftliche Entwicklung ist. Dass viele internationale Unternehmen in China investieren und Zweigbetriebe gründen, ist zuletzt seiner Marktgröße, das heißt der zu erwartenden Nachfrage zu danken. Der kaufkräftige Konsumbedarf in den traditionellen Industrieländern ist weitgehend gesättigt. Deswegen wird im Zweifel eher in China investiert als beispielsweise in Europa, und zwar selbst dann, wenn die Produktionsbedingungen, zum Beispiel die Qualifizierung der Arbeitskräfte dort geringer ist und bei hoch technisierter Produktion trotz geringerer Löhne die Produktionskosten dort höher sind. Das ist zu beachten, wenn beispielsweise beklagt wird, dass in den deutschen Ländern der ehemaligen DDR die industrielle Entwicklung nicht richtig vorankommt, und gilt natürlich noch mehr, wenn die europäischen Südländer stärker entwickelt werden sollen.

Es wurde bereits erwähnt, dass es nicht nur Länder mit hoher Intelligenz und andere mit einfachen Arbeitskräften gibt und es nicht wünschenswert ist, dass die qualifizierten Kräfte aus Entwicklungsländern in die Industrieländer abwandern. In einer Gesellschaft müssen vielmehr die verschiedensten Menschen einen Arbeitsplatz finden.

So wie Entwicklungsländer durch Außenhandelsbarrieren dafür sorgen, dass sie nicht zu einfachen Werkbänken und Rohstoffländern degenerieren, so müssen die Industrieländer sicherstellen, dass auch weniger Qualifizierte einen angemessenen bezahlten Arbeitsplatz finden und lebensnotwendige Branchen, wie die Landwirtschaft, nicht verschwinden. Um beispielsweise in Europa bisher relativ weniger entwickelte Regionen zu entwickeln, muss der europäische Markt durch gezielte Zollbarrieren angemessen geschützt werden. So wie Forschung und Entwicklung und technologische Unternehmen in Entwicklungsländern sich entwickeln müssen, so müssen in Europa auch arbeitsintensive Betriebe wirtschaftlich leben können. Das würde natürlich die Massenfertigung von industriellen Einzelteilen und deren Austausch über die Kontinente hinweg weniger rationell machen und den Gewinn globaler Player beeinträchtigen, dürfte aber eher zu einer harmonischen Wirtschaft und Gesellschaft in allen Ländern führen und wohl auch mehr Arbeitskräfte beschäftigen.

Die Globalisierung gibt den multinationalen Unternehmen außerdem die Möglichkeit, ihren Sitz, den Ort, wo sie sie den meisten Gewinn anfallen lassen und die Betriebe ansiedeln wollen, frei zu bestimmen und je nach Opportunität zu wechseln. Dadurch vermeiden sie nicht nur Steuern und verschaffen sich Finanzvorteile gegenüber an die Regionen gebundenen Unternehmen, was mit fairem Marktwettbewerb nichts mehr zu tun hat. Sie können durch Vorstandsbeschluss auch für Regionen lebenswichtige Betriebe schließen und in andere Länder verlagern, möglicherweise weil sie dort Subventionen oder Steuervorteile bekommen.

Auch können Kapitalgesellschaften durch geschickte Kapitalmarkttransaktionen aufgekauft, ausgeschlachtet und verlagert werden. Wie *Hedgefonds* und clevere Firmenhändler Firmen aufkaufen und verwerten, ist mit realwirtschaftlicher Logik häufig nicht nachzuvollziehen und dient auch nur dem kurzfristigem Gewinn der Kapitalmarktjongleure.[135] Man denke nur an den Versuch der Porschegesellschafter, den weit finanzkräftigeren Volkswagenkonzern zu übernehmen und viele ähnliche Übernahmen, die eigentlich nur aufgrund von realwirtschaftsfeindlichen Möglichkeiten des Kapitalmarktes zustande kommen. Auch ist es ein Unding, dass *Hedgefonds*, wie im Falle Argentiniens, wertlose Staatsanleihen aufkaufen und dann eine Entschuldung des Landes verhindern und daran noch riesig verdienen wollen.

Gegen solche Machenschaften müssen sich die Staaten und Regionen wehren. Letztlich ist das Wirtschaften eine Gemeinschaftsleistung und darf nicht den Spekulationsgewinninteresen von Kapitalmarktspielern überlassen werden. Zugleich müssen die Staaten darauf hinwirken, dass durch chronische Exportüberschüsse und entsprechende Importüberschüsse keine weltwirtschaftlichen Ungleichgewichte entstehen, die die Weltwirtschaft destabilisieren.

---

[135] Detaillierter in: *Die Verwandlung der unternehmerischen Leistungsträger von großen Tieren zu Schmeißfliegen des Kapitalmarktes,* in: Petersen: Unkonventionelle Betrachtungsweisen zur Wirtschaftskrise. Von Haien, Heuschrecken und anderem Getier, S.75ff.

Um diese Ziele zu erreichen, sollten Exportüberschüsse abgebaut und Unternehmen und Betriebe und deren Erträge in den Regionen besser verankert werden. Das könnte mit folgenden Maßnahmen erreicht werden:

- Abbau von Export- und Importüberschüssen
- Bessere Zuordnung der Gewinn zu den Betriebsstätten
- Beteiligung der Arbeitnehmer
- Staatsbeteiligung

1. Abbau von Export- und Importüberschüssen

Kapitalexport aufgrund von Exportüberschüssen bedeuten entweder

- Verschuldung von Importüberschussländern und damit Erhöhung des Spekulationspotentials oder
- Betriebsverlagerungen aus Exportüberschussländern in andere Länder.

Soweit Exportüberschüsse nicht aus gewolltem Kapitalexport für Investitionen oder andere Ausgaben im Ausland finanziert werden, erhöht sich dadurch die Auslandsverschuldung der Importüberschussländer. Weil damit Investitionen finanziert werden, die die Realwirtschaft in den Importüberschuss Ländern weiter entwickelt, können diese Importüberschüsse begrüßt werden. Wenn jedoch durch diese Investitionen traditionelle Fertigungen zerstört werden, kann sich in den Importländern die Arbeitslosigkeit noch erhöhen und ist es deswegen unter Umständen geboten, durch Importbarrieren bestimmte Wirtschaftsbereiche zu schützen. Chronische Importüberschüsse bedeuten aber, dass im Inland nicht genügend produziert wird und entsprechend zu wenig Arbeitskräfte beschäftigt werden, eben jene Beschäftigte, die in den Exportüberschussländern die Exportgüter herstellen.

Problematischer sind die Importüberschüsse, die für Staatsverbrauch vom Ausland kreditiert werden. Je höher die Staatsverschuldung steigt, umso größer wird die Gefahr, dass das Land Gegenstand von Spekulationen wird, als wirtschaftlicher Standort abgewertet und gegebenenfalls durch Nichtgewährung neuer Kredite in den Staatsbankrott getrieben wird.

Auf der anderen Seite müssen die Exportüberschussländer nicht nur das Risiko tragen, dass Kredite nicht zurückgezahlt werden, sie können auch in Schwierigkeiten kommen, wenn zurückgezahlt wird, denn dadurch verringert sich der Kapitalexport und bewirkt insoweit eine zusätzliche Nachfragelücke im Exportüberschussland selbst. Wegen dieser Angewiesenheit der Exportüberschussländer auf den Kapitalexport, um die inländische Nachfragelücke zu schließen, ist es so schwer chronische Exportüberschüsse abzubauen. Da in einer säkularen Stagnation die Importüberschuss-Länder kaum gegen die meist potenteren Industrien in den Exportüberschussländern ankämpfen können, solange dort die Nachfrage nicht steigt, kann es zu einem Ausgleich der Handelsbilanz nur kommen, wenn Produktion aus den Exportüberschussländer in die Importüberschuss Länder verlagert wird. Will man das nicht, dann bleibt nur, die Überschussersparnisse in den Exportüberschussländern abzuschöpfen durch höhere Löhne und zur Erhöhung der Staatsausgaben und zur Erhöhung der volkswirtschaftlichen Nachfrage zu verwenden.

2. Bessere Zuordnung der Gewinne zu den Betriebsstätten zur Sicherung angemessener Besteuerung

Ein wesentlicher Grund, warum weltweit die Steuerlast auch für höhere Einkommensbezieher so stark gesenkt wurde, ist der internationale Wettbewerb, der Unternehmen und Vermögende durch niedrigere Steuern ins Land lockt. Dabei reicht es den werbenden Ländern häufig bereits, wenn die Gewinne nur durch das Land geschleust werden, das heißt, nur *Holdings*, *Lizenzvergabefirmen*, *Handelsagenturen* etc., häufig nur als Briefkastenfirmen, gegründet werden.

Vom Kapitaltransfer leben nicht nur bedeutende Finanzzentren wie London, die *Wall Street* in New York, die Schweiz, Luxemburg sowie Steueroasen. Auch Länder, wie Irland, mit einem pauschalen Unternehmenssteuersatz von nur 12,5 % haben dadurch viele Firmen angezogen.

Da jedoch Wirtschaften eine Gemeinschaftsleistung von Unternehmern, Arbeitnehmern, Kapitalgebern und Know-how-Gebern ist, die Leistung aber an einem bestimmten Ort erbracht wird, ist diese Art der Gewinnverlagerung ungerechtfertigt. Deswegen sollten diese Schlupflöcher verstopft werden. Im Rahmen der *Europäischen Gemeinschaft* müssten Mindeststeuerstandards festgelegt werden und für Fluchtgelder Verfahren entwickelt werden, durch die grenzübergreifende Erträge den die Leistung erbringenden Betrieben zugerechnet werden können. Das ist zweifellos keine leichte Aufgabe und kann nur längerfristig angegangen werden. Vor einigen Jahren war auch noch nicht vorstellbar, dass Steueroasen zur Aufgabe des Steuergeheimnisses gegenüber anderen Finanzämtern bewogen werden konnten. Notfalls müssten Verlagerungen zur Steuerverringerung durch Benachteiligungen bei Einfuhren aus diesen Ländern und andere handelstarifliche Maßnahmen oder Kapitalmarktrestriktionen bekämpft werden.

Eine Möglichkeit, dass die Steuern eher in den Leistungszenten anfallen, könnte auch die stärkere Gewichtung und Weiterentwicklung der Gewerbesteuern sein. Bei der Ertragsbesteuerung setzt man aus angebotorientierter Wirtschaftsperspektive primär an den individuellen Einkünften an. Deswegen machen liberale Wirtschaftspolitiker auch immer wieder Vorstöße, die Gewerbesteuer abzuschaffen. >>Die *Gewerbesteuer* (Abkürzung: GewSt) wird<< jedoch, wie Wikipedia schreibt, >>als *Gewerbeertragsteuer* auf die objektive Ertragskraft eines Gewerbebetriebes ... erhoben.<<[136] Da Wirtschaft eine Gemeinschaftsleistung von Unternehmern, Kapitalgeber und Arbeitnehmern ist, sollte die Gewerbesteuer aber die primäre Steuer und sollten die Einkommensteuern, die sekundären Steuern sein.

Als Einkünfte sollten bei der Gewerbesteuer möglichst auch alle Kosten behandelt werden, die in Form von Lizenzen, Gewinnbeteiligungen, Zinsen den Betriebsgewinn mindern und bei den Begünstigten nicht selbst der Gewerbesteuer unterliegen. Ferner muss bei Kapitalverflechtungen - auch zum Ausland - den Betriebsstätten ein angemessener nach Gewerbesteuern ermittelter Ertragsanteil zugerechnet werden.

---

[136]

http://de.wikipedia.org/wiki/Gewerbesteuer_%28Deutschland%29#Aktuelle_Reformvorschl.C3.A4ge

Auf diese Weise kann die Verlagerung von Gewinnen in steuerlich begünstigte Regionen bekämpft werden. Sofern den Gemeinden weiterhin ein Hebesatzrecht zugestanden wird, muss der Grundsteuersatz hoch genug sein, Gewinnverschiebungen uninteressant zu machen.

Je höher die Gewerbesteuer angesetzt wird, umso geringer kann die Gewinnbesteuerung, wie Körperschaftsteuer und Kapitalertragsteuer, sein. Auch könnten gezahlte Gewerbesteuern bei den Einkommensteuererklärungen angerechnet werden. Allerdings muss auch bei einer solchen Reform verhindert werden, dass es zu Abwanderungen kommt und müssten die Gewerbesteuern notfalls durch andere außenwirtschaftspolitische Maßnahmen flankiert werden.

3. Beteiligung der Arbeitnehmer zur Sicherung der Arbeitsplätze

Bei wirtschaftlichen Schwierigkeiten oder auch bei Rationalisierungen zur Gewinnsteigerung werden von Unternehmen häufig Betriebsstätten geschlossen. Das kann bei größeren Betriebsstätten nicht nur zur Arbeitslosigkeit der betroffenen Arbeitnehmer, sondern auch zu einer empfindlichen Schwächung der Wirtschaftskraft einzelner Regionen und Länder führen. Für die entlassenen Arbeitnehmer kann das bedeuten, dass sie keine alternativen Arbeitsplätze mehr finden. Diese Gefahr ist natürlich in einer säkularen Stagnation besonders hoch.

In solchen Fällen - man denke zum Beispiel an die Schließung von Opel-Werken oder des Nokia-Werkes in Bochum und die Verlagerung der Fertigung nach Rumänien - schalten sich meist nicht nur Gewerkschaften, sondern auch die nationalen Regierungen ein und versuchen, die Auswirkungen auf die Arbeitsplätze und Regionen zu vermeiden. Meist können den Unternehmenseignern aber nur Lohnverzicht und Subventionen angeboten werden. Das kann den Unternehmen noch zu wenig sein, so dass es trotzdem zur Schließung oder einem Massenabbau von Arbeitsplätzen kommt.

Um dem entgegenzuwirken, sollten die Mitwirkungsmöglichkeiten der Mitarbeiter an Unternehmensentscheidungen gestärkt werden. Es geht nicht primär darum, dass die Gewinne der Kapitaleigner erhöht werden, sondern um sichere Arbeitsmöglichkeiten für die Mitarbeiter. Natürlich können Arbeitsplätze nicht gegen ungünstige Marktentwicklungen durchgehalten werden. Eine stärkere Mitwirkungsmöglichkeit der Belegschaft könnte aber Alternativen erleichtern. Nehmen wir den Fall Opel! Wenn die Arbeitnehmer stärker an der Unternehmensplanung beteiligt gewesen wären, wären möglicherweise die deutschen Opelwerkstätten nicht geschlossen worden, weil die Mitarbeiter durchgesetzt hätten, dass Opel das Recht bekommt, nach Osteuropa zu exportieren, was es bisher nicht durfte, weil die Muttergesellschaft General Motors den osteuropäischen Markt für sich reserviert hatte. Auch wäre denkbar gewesen, die Betriebsstätte anderen Autobauern anzubieten. Bei dem hohen Produktion Know-how der Mitarbeiter hätte das möglicherweise für asiatische Autobauer, die auf dem europäischen Markt Fuß fassen wollen, interessant sein können.

4. Stärkere Staatsbeteiligung zur Finanzierung kollektiver Bedürfnisse und zur Verhinderung von unnötiger Betriebsverlagerung

Die Bedürfnisse einer Bevölkerung können nicht zentral von einer Staatsverwaltung organisiert werden. Deswegen sind alle Zentralverwaltungswirtschaften letztlich gescheitert. Kollektive Bedürfnisse und Infrastrukturinvestitionen werden jedoch besser von öffentlichen Unternehmen finanziert und durchgeführt. Würden Straßen, Schulen etc. nach rein privatwirtschaftlichen Gewinngesichtspunkten gebaut und betrieben, würden öffentliche Belange zu wenig beachtet, wie aus den öffentlichen Diskussionen um Wasser-Energieversorgung oder auch private Schulen und Universitäten abzulesen ist, es sei denn, private Initiativen und die allgemeinen Belange werden angemessen miteinander abgestimmt. Man denke an Mautstraßen, Energienetze, an öffentlich finanzierte Privatschulen etc. Durch Planvorgaben, Preislimits und bei Privatschulen durch die Verpflichtung, ausreichend Kinder von weniger bemittelten Eltern aufzunehmen.

Vor der Globalisierung konnte man in einer Volkswirtschaft darauf vertrauen, dass die Unternehmen und Kapitaleigner weitgehend identisch und so erdverbunden waren, dass eine sinnvolle

Tätigkeit für die Gemeinschaft und ein gemeinschaftliches Interesse von Unternehmern und Mitarbeitern an der gemeinsamen Arbeit gewährleistet war.

Das hat sich im Zuge der Globalisierung gewandelt. Produktion und Verteilung werden mehr und mehr von international operierenden Kapitalgesellschaften usurpiert und die Kapitaleigner legen ihr Geld nicht mehr in ihnen vertrauten Unternehmen an, mit denen sie sich auch in gewisser Weise emotional verbunden fühlen, sondern auf dem internationalen Kapitalmarkt in mehr oder weniger anonyme Kapitalmarktpapiere.

Den international operierenden Kapitalsammelstellen interessiert das Schicksal eines Betriebes und ihrer Mitarbeiter nur insoweit, als sie maximal kurzfristigen Gewinn erbringen, und das sind nicht primär Dividenden, sondern Kursgewinne.

Infrastrukturinvestitionen können auch so immens groß werden, dass sie privatwirtschaftlich gar nicht finanziert werden können. So lebt die Grundlagenforschung bereits von hohen öffentlichen Zuschüssen. Aber auch so riesige Aufgaben, wie eine umweltgerechte Energieversorgung, ist privatwirtschaftlich kaum zu stemmen, denn was müssten die Ziele sein: weitgehende Versorgung mit Wind-, Sonnen-, Wasserkraft- und Erdenergie und aus regenerierbaren Rohstoffen. Dabei sollte das notwendige Verteilernetz möglichst unterirdisch verlegt werden.

Wie man an den hilflosen Versuchen der Politik ersieht, ist das letztlich nur durch eine öffentliche Organisation mit massiven verlorenen Zuschüssen zu finanzieren. Die Umstellung der Energieversorgung und andere wichtige kollektive Bedürfnisse müssen durch höhere Abschöpfung von Einkommen derjenigen finanziert werden, deren Bedürfnisse befriedigt sind und die mit ihren überschüssigen Ersparnissen nur auf dem Kapitalmarkt spielen.

Aus den abgeschöpften Mitteln wird dadurch wieder realwirtschaftliche Nachfrage und somit eine binnenwirtschaftliche Wirtschaftsbelebung. Es braucht auch nicht mehr so viel Kapital exportiert zu werden und die Importchancen für das Ausland würden sich verbessern.

Darüber hinaus muss das öffentliche Interesse an einer ausgewogenen Beschäftigungsstruktur in einer Region dafür sorgen, dass dafür notwendige Betriebe nicht einfach verschwinden, weil sie von Konkurrenten oder finanziellen Heuschrecken aufgekauft und ausgeschlachtet werden. Die Regionen müssen deshalb das Recht haben, für ihr Gebiet zuständige Kernkompetenzen zu proklamieren und sich an dafür notwendigen Betrieben zu beteiligen, schon um zu verhindern, dass die Arbeitskräfte nicht unnötig entlassen werden.

Als Vorbild könnte das Volkswagengesetz gelten. Wenn nicht das Land Niedersachsen einen Anteil und eine qualifizierte Mitbestimmung am Konzern hätte, wäre der Konzern möglicherweise schon von internationalen Kapitalfonds aufgekauft worden, und dann wäre er externen Spekulanten ausgeliefert gewesen. Wie leicht das geschehen kann, kann an dem erfolglosen Versuch von Porsche, den VW-Konzern mit Hedgefonds-Geldern zu kaufen ersehen werden. Dieser Versuch wurde maßgeblich durch das Veto des Landes Niedersachsen verhindert.

Natürlich hat es keinen Sinn, eine Produktion fortzuführen, die nicht mehr verkauft werden kann. Aber auch bei notwendigen Umstrukturierungen kann ein maßgeblicher Staatseinfluss hilfreich sein.[137]

---

[137] Siehe dazu: Petersen. *Brauchen wir eine weitere Privatisierung oder eher eine stärkere Resozialisierung von Wirtschaftsunternehmen?* in: Unkonventionelle ...Von Haien, Heuschrecken und anderem Getier, Seite 113ff.

D. Kriterien der säkularen Stagnation und notwendige wirtschaftspolitische Maßnahmen

Kriterien für eine säkulare Stagnation sind:
1. Kriterium: höhere Ersparnisse als privatwirtschaftlich lukrative realwirtschaftliche Investitionsmöglichkeiten
2. Kriterium: Extrem ungleiche Einkommens- und Vermögensverteilung
3. ein sehr niedriges Zinsniveau
4. steigende Immobilienpreise wegen Kapitalanlagedruck
5. eine extrem unausgewogene Außenhandelsbilanz.

I. Kriterium: Höhere Ersparnisse als privatwirtschaftlich lukrative realwirtschaftliche Investitionsmöglichkeiten

Wenn die Ersparnisse die realwirtschaftlichen Investitionen übersteigen, so muss eine Wirtschaft so lange schrumpfen, bis die Ersparnisse wieder zu Investitionen geworden sind. In unserer Zeit sind Ursache für dieses Ungleichgewicht Konsumsättigungsgrenzen der kaufkräftigen Einkommensbezieher, insbesondere aber der höheren Einkommensbezieher.

In einer solchen Situation kann durch angebotsorientierte wirtschaftspolitische Maßnahmen das wirtschaftliche Wachstum nicht mehr angeregt werden, sondern allenfalls Spekulationen. Als einzige Maßnahmen verbleiben, den Konsum durch Erhöhung der Kaufkraft der unteren Einkommensbezieher zu steigern, und höhere Staatsausgaben. Damit die öffentliche Verschuldung nicht weiter zunimmt, können öffentliche Ausgaben jedoch nur durch höhere Einnahmen finanziert werden.

II. Kriterium: Extrem ungleiche Einkommens- und Vermögensverteilung

In einer unentwickelten Volkswirtschaft kann eine ungleiche Einkommensverteilung das wirtschaftliche Wachstum anregen, weil die Konsumnachfrage noch unterentwickelt ist und damit Investitionen durch Ersparnisse leichter finanziert werden können. In den entwickelten Volkswirtschaften ist dagegen eine extrem ungleiche Vermögens- und dadurch bedingte auch ungleiche Einkommensverteilung ein Zeichen für eine säkulare Stagnation. Denn mit steigendem Volkseinkommen und entsprechend steigenden Sparvolumen dürften die gewinnversprechenden Innovationen nicht Schritt halten.

III. Kriterium: sehr niedriges Zinsniveau.

Das Zinsniveau ist heute in den Industrieländern so niedrig, dass geldpolitische Maßnahmen zur Ankurbelung der Konjunktur versagen. Eine Geldmengenerhöhung seitens der Zentralbanken kann nicht einmal mehr eine Inflation anregen, weil die zusätzliche Geldmenge nicht in die Hände derjenigen kommt, die dafür mehr Konsumgüter kaufen würden, und deshalb lohnen sich auch keine Investitionen mehr.

Sollten die Arbeitskräfte dennoch höhere Löhne durchsetzen, dann würden sie nicht nur ihre Arbeitsplätze gefährden. Die Unternehmen würden die gestiegenen Kosten auf die Preise aufschlagen. Wir bekämen somit eine *Stagflation*, das heißt eine Stagnation plus steigende Preise.

Eine expansive Geldpolitik kann somit ebenfalls nur Kapitalmarktspiele weiter fördern.

Die einzigen Heilmittel gegen ein zu niedriges Zinsniveau sind:

- den Kapitalmarkt soweit wie möglich auszutrocknen durch höhere Rückzahlung öffentlicher Schulden, finanziert aus höheren Steuern und Abgaben, insbesondere von denen, die die Kapitalmarkttitel halten.
- Kapitalmarkttransaktionen durch Kapitaltransfersteuern und durch Banken- und Kapitalmarktregulierungen zu erschweren.

IV. Steigende Immobilienpreise wegen Kapitalanlagedruck

Das Besondere einer feudalen Wirtschaft ist, dass der Boden dem Adel gehört und die Bodenrente, die durch Abgabe des so genannten Zehnten der Ernte von den Bauern an den Adel abzuführen war. Wenn die damaligen Herrschaftsverhältnisse auch den historischen Gegebenheiten angemessen war, so waren aus Sicht heutiger Arbeitsmoral die Adeligen Schmarotzer, die von den Früchten ihrer Untergebenen ein luxuriöses Leben führten.

In städtischen Handwerksgesellschaften war die eigene Arbeitsleistung die wesentliche Einkommensquelle. Im Kapitalismus waren es zunächst auch die Unternehmer, die das meiste Einkommen bezogen, denn mit wachsenden Produktivkräften wuchsen ihnen auch die Kapitalerträge zu.

Die Erben derjenigen, die das Produktivkapital erworben hatten, rückten dann, soweit sie Kapitalrenditen erhielten, wieder in die Rolle der feudalen Rentner. Nur soweit sie selbst auch arbeiteten, nahmen sie am Arbeitsleben teil.

Eigentum an Produktivkapital unterscheidet sich jedoch insofern von Immobilien- und insbesondere vom Bodeneigentum, als Produktivkapital nur so lange einen Wert hat, wie es zur Herstellung von Gütern und Leistungen genutzt werden kann. Es nutzt sich im Zuge des Produktionsprozesses auch ab und muss immer wieder erneuert werden. Immobilien und insbesondere Boden haben dagegen einen fortdauernden Wert. Zwar ist der Bodenpreis davon abhängig, für was er genutzt werden kann. So unterscheiden sich Weideflächen und Grundstücke an Einkaufsstraßen zum Beispiel ganz erheblich im Wert. Dennoch empfinden alle Bodeneigentum als sichere Kapitalanlage, was wirtschaftlich auch immer passiert.

Deswegen sind Immobilien bevorzugte Spekulationsobjekte. Insbesondere in Zeiten der säkularen Stagnation, in denen die Investitionsmöglichkeiten in der Realwirtschaft beschränkt und die Zinsen niedrig sind, drängen die Anleger in Immobilien.

Als fataler Nebeneffekt der Niedrigzinspolitik in Zeiten der säkularen Stagnation gelten nach kurzfristigen Kapitaloptimierungsregeln Immobilien im Verhältnis zu anderen Anlagemöglichkeiten als unterbewertet, so dass sie im Preis erheblich steigen können.

Wenn sich eine solche Preissteigerungsperspektive zeigt, sind dann auch Kapitalmarktspieler zur Stelle, denen es primär um kurzfristige Preissteigerungen geht und die unter Mitnahme der Preisdifferenzen dann versuchen, rechtzeitig wieder auszusteigen. So können beispielsweise Wohnanlagen immer wieder an neue Eigentümergesellschaften übergehen.

Wegen des Kapitalanlagedruckes im Zusammenhang mit Kapitalmarktspielen kann der Preis von Immobilien aber auch so hoch getrieben werden, dass die erzielte Rendite unter die Rendite vergleichbarer anderer Kapitalanlagen fällt. Das führt dann dazu, dass die Mieten angehoben werden, und trägt so dazu bei, weitere Kaufkraft von den eher einkommensschwächeren Mietern zu den Kapitalanlegern zu verschieben.

Begünstigt wird diese Entwicklung dadurch, dass der Immobilienmarkt nur unvollkommen den optimalen Prinzipien des Marktes gehorcht. Hinzu kommt, dass er von großen Kapitalgesellschaften beherrscht wird und Vermieter im Zweifel auch Räume leer stehen lassen können, wie Erfahrungen zeigen. Deswegen unterliegt der Immobilienmarkt auch besonderen staatlichen Einflussmöglichkeiten.

Wenn es ausreichend realwirtschaftliche Investitionsmöglichkeiten gibt und auch für Sparanlagen attraktive Zinsen gezahlt werden, ist die Gefahr von Immobilienblasen gering. Im Umkehrschluss heißt das: Wenn die Immobilienpreise bei niedrigen Zinsen enorm ansteigen, ist auch das ein Kriterium für säkulare Stagnation.

V. Kriterium: unausgewogene Außenhandelsbilanz

Ein untrügliches Anzeichen für eine säkulare Stagnation ist auch eine chronisch aktive Außenhandelsbilanz. Denn Chronisch aktive Außenhandelsbilanzen haben einen entsprechend großen Nettokapitalexportüberschuss, und das bedeutet, dass inländische Kaufkraft nicht ausreichend im Inland ausgegeben werden kann und deswegen die entsprechenden Ersparnisse ins Ausland transferiert werden müssen. Abgesehen von einem höheren Sättigungsgrad in entwickelteren Volkswirtschaften ist meist eine extrem ungleiche Einkommens- und Vermögensverteilung dafür die Ursache.

Solange die Außenhandelsüberschüsse bestehen, kann sich ein solches Land in einer florierenden Wirtschaft wähnen, wobei aber nur auf die im Verhältnis zum Ausland höhere Beschäftigung geschaut wird, nicht auf die relative Verarmung unterer Bevölkerungsschichten.

Im Übrigen ist aber eine aktive Außenhandelsbilanz auch keine Garantie für niedrige Arbeitslosigkeit. Die Arbeitskräfte können sogar weitgehend wegrationalisiert und durch Maschinen, Computer und Roboter ersetzt worden sein. Trotzdem kann eine Wirtschaft mit steigenden Exportüberschüssen wachsen. Nur fließt das dem Wirtschaftswachstum entsprechende zusätzliche Wachstum primär den Kapitaleignern und Führungskräften zu.

Hohe chronische Exportüberschüsse machen ein Land natürlich extrem vom Ausland abhängig. Fallen die Exportüberschüsse weg oder gehen sie auch nur zurück, dann müssen die weniger ins Ausland exportierten Kapitalien im Inland ausgegeben werden, was kaum zu erwarten ist. Denn bei schrumpfenden Exportmöglichkeiten wird kaum ein Unternehmen im Inland mehr investieren, vielmehr eher seine Investitionen noch einschränken und damit den Nachfrageausfall noch erhöhen. Und dass die Kapitaleigner dann mehr konsumieren, ist auch nicht zu erwarten. Also wird der Wegfall des Exportüberschusses die Wirtschaft des Exportüberschusslandes in eine Depression treiben.

Im Zuge von Kapitalexporten können aber auch mehr Arbeitskräfte ins Ausland verlagert werden, als im Inland entstehen. Wenn bei Produktionsverlagerungen ins Ausland im Inland kompensierende Arbeitsplätze entstehen, dann meist nur bei dispositiven Tätigkeiten. Da dispositive Tätigkeiten aber auch mehr und mehr computer- und maschinengestützt sind, fällt dann häufig nur auf die bestehenden Dispositionskräfte ein höherer Arbeitsaufwand, so dass allenfalls deren Gehälter steigen. Das heißt: Kapitalexport kann auch eine Deindu-strialisierung zur Folge haben, wiederum ein Anzeichen für eine säkulare Stagnation.

Als Folge einer Deindustrialisierung könnte zwar der Exportüberschuss abgebaut werden, ja kann sogar in einen Importüberschuss umschlagen. Dass braucht die Kapitaleigner nicht zu treffen. Sie beziehen ihren Gewinn dann eben mehr aus dem Ausland und importieren die benötigten Konsumgüter auch aus dem Ausland. Importüberschüsse mit entsprechenden Kapitalimporten sind deswegen eine noch gefährlichere Form einer säkularen Stagnation. Darunter leiden insbesondere weniger entwickelte Volkswirtschaften mit einer reichen Elite, die ihre Gelder im Ausland angelegt hat und die benötigten Konsumgüter importiert. So dürfte der Kapitalimport der Länder, die früher über größere Kolonien verfügten, auch aus Einkünften aus Auslandsvermögen resultieren

Noch bedenklicher sind aber mit hohen Staatsschulden finanzierte Importüberschüsse. Je höher die Staatsschulden, umso größer ist die Gefahr einer Zahlungsunfähigkeit der Länder mit entsprechenden Auswirkungen auf die Wirtschaft des Landes, aber auch auf die Weltwirtschaft.

E. Wie die Wirtschaftspolitik weiterhin nur Symptome der Wirtschaft bekämpft und dabei ihre Krisenanfälligkeit weiter erhöht am Beispiel der Merkel-Regierung Deutschlands.

Nach dem letzten Weltkrieg dominierten die USA die Weltwirtschaft. Wenn es Amerika wirtschaftlich schlecht ging, so strahlte es auf die übrige Welt aus. Man sagte, wenn Amerika wirtschaftlich hustet, bekommt die übrige Welt eine wirtschaftliche Grippe. Diese dominierende Stellung der USA besteht zwar bis heute fort, hat sich aber mit der Entwicklung anderer Wirtschaftszentren relativiert mit der Folge, dass die Weltwirtschaft heute auch von dem wirtschaftlichen Zustand der übrigen Zentren abhängig ist.

Eines dieser neuen Zentren ist Europa und als größte Wirtschaftsmacht in Europa Deutschland. So wie man früher primär von den USA verlangte, dass es sich seiner Bedeutung für die Weltwirtschaft insgesamt bewusst ist und entsprechend verantwortlich handelt, so gilt diese Forderung heute auch für Europa und innerhalb Europas insbesondere für Deutschland.

Die Merkel-Regierung scheint sich dieser Verantwortung aber nur bedingt bewusst zu sein. Da sie nach wie vor in der angebotsorientierten Wirtschaftsideologie befangen ist und die besonderen wirtschaftlichen Bedingungen in einer säkularen Stagnation nicht oder nicht genügend versteht, sieht sie in der Überschuldung der Staaten und in der Deregulierung des Kapitalmarktes die eigentlichen weltwirtschaftlichen Probleme. Sie fragt sich nicht einmal, warum die öffentlichen Schulden so hoch gestiegen sind und welche Bedeutung die Verschuldung für die bisherige wirtschaftliche Entwicklung hatte und warum die Geschäftstätigkeit der Banken dereguliert wurde.

Im Übrigen setzt die Merkel-Regierung auf die Unternehmertätigkeit und die "selbstheilenden" Kräfte des Marktes, allerdings nur soweit es sich nicht um den Energiemarkt und andere die deutsche Industrie benachteiligenden Markteffekte geht.

Die Merkel-Regierung fühlt sich in ihrer Wirtschaftspolitik bestätigt, weil Deutschland wirtschaftlich im Verhältnis zur übrigen Welt geradezu floriert. Sie sieht aber nicht, dass dieses Florieren von den Exportüberschüssen und entsprechend Kapitalexportüberschüssen, das heißt von den Importüberschüssen anderer Länder abhängig ist. Denn alle aufgeführten Kriterien für eine säkulare Stagnation

1. höhere Ersparnisse als privatwirtschaftlich lukrative realwirtschaftliche Investitionsmöglichkeiten
2. eine extrem ungleiche Einkommens- und Vermögensverteilung
3. ein sehr niedriges Zinsniveau
4. steigende Immobilienpreise wegen Kapitalanlagedruck
5. eine extrem unausgewogene Außenhandelsbilanz

treffen für Deutschland zu. Deshalb lässt sich am Beispiel Deutschland besonders anschaulich darstellen, wie eine Wirtschaftspolitik, die die angebotsorientierte Wirtschaftsideologie noch nicht überwunden hat, nur die Symptome der säkularen Stagnation bekämpft und dabei die Krisenanfälligkeit der Wirtschaft noch erhöht.

I. Wie die Wirtschafts- und Steuerpolitik der Merkel-Regierung die Exportüberschüsse nicht verringert und dadurch die Krisenanfälligkeit der Weltwirtschaft erhöht.

Während nahezu alle Länder, insbesondere aber die entwickelteren Länder, hohe Arbeitslosigkeit und Depressionserscheinungen beklagen, gilt Deutschland als eine glückliche Ausnahme und sogar als Vorbild, wie wirtschaftliche Probleme zu überwinden sind.

Nun ist die Weltwirtschaft aber wie ein System kommunizierender Röhren und, da natürlich Deutschland auch zur Weltwirtschaft gehört, sind seine Stärken zugleich die Schwächen der anderen Länder. Würden die anderen Länder an ihren Schwächen zerbrechen, würde das auch auf Deutschland zurückschlagen und die wirtschaftliche Stabilität Deutschlands gefährden. Ja, Deutschland würde sogar in wirtschaftliche Schwierigkeiten kommen, wenn das Ausland seine Importüberschüsse (die die Exportüberschüsse Deutschlands sind) abbaut. Denn dann würden in der deutschen volkswirtschaftlichen Angebots-Nachfrage-Bilanz die zum Ausgleich der Überschussersparnisse notwendigen Exportüberschüsse fehlen.

Zu Recht klagen andere Länder zunehmend über die deutschen Exportüberschüsse, denn dadurch wächst deren Verschuldung und können in Höhe der Importüberschüsse weniger Arbeitskräfte beschäftigt werden. Das heißt in Höhe der Arbeitsplätze, die in Deutschland durch Exportüberschüsse gesichert werden, fehlen Arbeitsplätze in den Importüberschussländern.

Holger Zschäpitz schreibt: >>Deutschland muss in Davos [2014] einiges an Kritik aushalten. Wiederholt ist zu hören, dass ein stures Festhalten an der Stabilitätspolitik die Euro-Zone in eine Deflation, möglicherweise gar in eine Depression stürzen könnte. Beinahe einhellig wird Berlin aufgefordert, der Europäischen Zentralbank (EZB) mehr Spielraum zu lassen, um eine solch fatale Abwärtsspirale zu stoppen.<<[138] Deswegen sitzt Deutschland auch in der EU auf der Anklagebank.

Diese Problematik wird von deutschen Wirtschaftspolitikern verdrängt, weil sie wie selbstverständlich davon ausgehen, dass die Leistungsfähigkeit der so genannten Südländer steigen wird. Dabei hofft man auf eine stärkere Industrialisierung dieser Länder. Diese Hoffnung musste man aber schon in Bezug auf die ehemalige DDR bei der Wiedervereinigung begraben, obwohl die DDR bereits ein Industrieland war. Gegen das hoch entwickelte Industriepotenzial, das Know-how und die Marktposition der Bundesrepublik hatten die Unternehmen der ehemaligen DDR keine Chance und wurden deshalb auch reihenweise nach der Wiedervereinigung abgewickelt. Insofern kann man diese Hoffnung auch für die so genannten Südländer aufgeben. Auch deutsche Unternehmen werden kaum im nennenswerten Umfang Produktion beispielsweise nach Griechenland verlagern. Wenn deutsche Unternehmen expandieren, dann gehen sie in Schwellenländer, die nicht nur niedrigere Arbeitskosten bieten, sondern auch enorme Absatzmöglichkeiten.

---

[138] Holger Zschäpitz, Davos: *Deflationsgefahr. Geldhistoriker warnt vor fataler Abwärtsspirale* DIE WELT 24.01.14,
http://www.welt.de/finanzen/article124170432/Geldhistoriker-warnt-vor-fataler-Abwaertsspirale.html

Bleiben somit nur Konsumwaren und touristische Angebote. Dadurch können sicherlich die Leistungen dieser Länder ins Ausland erhöht werden. Unmittelbare Auswirkungen auf die deutschen Exportüberschüsse sind davon aber nicht zu erwarten. Denn die 80 % der deutschen Einkommensbezieher, die nur etwa 40 % des Volkseinkommens beziehen, werden ihren Konsum deswegen nicht ausweiten. Allenfalls werden mehr Waren aus anderen Euro-Ländern bezogen zulasten von Waren und Dienstleistungen aus dem Nicht-Euro-Raum. Die Deutschen beziehen dann zum Beispiel mehr Apfelsinen und Gemüse aus Griechenland anstatt aus Israel und Marokko und besuchen stärker Badestrände in Griechenland, als in der Türkei. Per Saldo wird sich der deutsche Konsum aber nicht erhöhen und wird somit der deutsche Exportüberschuss nicht abgebaut. Die mit den Exportüberschüssen wachsende Verschuldung des Auslandes betrifft dann mehr außereuropäische Länder. Im globalen Maßstab wird dadurch die Krisenanfälligkeit nicht gemindert.

Eine Sanierung der Leistungsbilanzen der so genannten Südländer würde sich allerdings auf den Eurokurs auswirken. Denn wenn die Südländer auch stärker exportieren und durch Exporte in andere Euro-Länder Importe aus Nicht-Euro-Ländern verringern, wird der Eurokurs steigen und dadurch werden die deutschen Exporte erschwert. Darüber würden dann die Wirtschaft und die Beschäftigung in Deutschland beeinträchtigt.

Ob und inwieweit durch Euro-Kurssteigerungen die deutschen Exporte zurückgehen, ist allerdings nicht eindeutig vorauszusagen. Die Eurokursschwankungen der letzten Jahre haben jedenfalls die Exportüberschüsse kaum beeinflusst. Der Bedarf an hochwertigen deutschen Industrieanlagen, großenteils aus den Schwellenländern, könnte auch so groß sein, dass das Ausland auch höhere Preise akzeptiert. Wenn dann nicht in gleichem Umfang auch die Importe steigen, würden sich der Exportüberschuss und damit die Verschuldung nicht-europäischer Länder tendenziell sogar noch erhöhen und die weitere Verbilligung der Importgüter aus dem Nicht-Euro-Raum würden wiederum die europäischen so genannten Südländer treffen. Solange es nicht gelingt, den Konsum in Deutschland zu steigern, bleibt entweder der Exportüberschuss oder geht die Beschäftigung zurück.

Ein Konservieren der Exportüberschüsse Deutschlands und entsprechend der Importüberschüsse in anderen Ländern würde auch die internationale Krisengefahr ständig erhöhen, und zwar auch mit Auswirkung auf Deutschland. Wenn die deutsche Wirtschaft zurzeit auch gut dasteht, mit seinen Exportüberschüssen, so befindet er sich nicht außerhalb der säkularen Stagnation, sondern verhindert oder verschiebt durch seine Exportüberschüsse nur das Ausbrechen einer Depression im eigenen Land zulasten anderer Länder.

Wie aber können Exportüberschüsse abgebaut werden? Exportverbote kommen dafür nicht infrage. Sie würden unmittelbar zu höherer Arbeitslosigkeit führen, denn alternative Absatzmöglichkeiten sind in Deutschland in Zeiten der säkularen Stagnation nicht zu finden. Mittelfristig werden die deutschen Unternehmen gezwungen sein, die entsprechenden Fertigungen ins Ausland zu verlagern, ohne dass neue Fertigungen in Deutschland absehbar sind, und wenn doch, werden sie auch wieder zu Exportüberschüssen führen. Denn bei der gegenwärtigen hohen Sparrate kann Deutschland gar keine ausgeglichene Handelsbilanz erreichen, ohne Arbeitslosigkeit zuzulassen. Export- und entsprechend Kapitalexportüberschüsse können nur aufhören, wenn in Deutschland mehr konsumiert und insoweit weniger gespart oder mehr investiert wird und so Ersparnisse im Inland zur Nachfrage werden. Eine höhere volkswirtschaftliche Konsumrate wäre aber nur möglich, wenn das Lohnniveau steigen würde und oder die Steuern und Abgaben, insbesondere für höhere Einkommensbezieher und Vermögende, zur Finanzierung öffentlicher Ausgaben erhöht würden.

Beides widerspricht aber der angebotsorientierten Wirtschaftstheorie, und infolgedessen gibt es insbesondere in der regierenden CDU erhebliche Widerstände dagegen. Die FDP als „Gralshüter" der angebotsorientierten Wirtschaftspolitik[139] hat zwar in der Bundestagswahl 2013 ihren Einfluss auf die Politik verloren, aber die SPD als neuer Koalitionspartner der CDU konnte zur Überwin-

---

[139] Siehe: Petersen: *Mehr Netto vom Brutto. Das Patentrezept der Liberalen zur Lösung von Wirtschaftsproblemen*, in Unkonventionelle Betrachtungsweisen … I. Seite 95ff.

dung der säkularen Stagnation eher entsprechende wirtschaftspolitische Forderungen nur bedingt durchsetzen. Immerhin gelang die Einführung von Mindestlöhnen.

Außer der Festlegung von Mindestlöhnen wird man das Lohnniveau in Deutschland, wie auch in anderen Ländern, kaum übermäßig steigern können, ohne Arbeitsplätze zu gefährden. Dadurch haben andere Länder in der Eurozone gegenüber Deutschland aber auch gegenüber Drittländern an Wettbewerbsfähigkeit eingebüßt. Ansonsten würden die Unternehmen die Lohnkosten soweit wie möglich auf die Preise draufschlagen, so dass der Einkommensumverteilungseffekt verpuffen würden. Wie die Ausführungen über Stagflation in den siebziger und Anfang der achtziger Jahre zeigten, wird die Stagnation durch Lohn-Preisspiralen nicht überwunden. Wir haben dann eben eine Stagnation plus Inflation, das heißt eine *Stagflation.*

Wohl aber könnten Arbeitnehmer durch eine solidarischere Finanzierung der Renten-und Krankenversorgung, der Familien-, Kinder-, Bildungs- und Kulturförderung sowie des Verkehrssystems finanziell entlastet werden und somit mehr Mittel für privaten Konsum haben.

Wenn und soweit aber durch höhere Löhne die Inlandnachfrage nicht gesteigert werden kann, bleibt nur, mehr Geld für öffentliche Investitionen und die Verbesserung der kollektiven Bedürfnisse bis hin zum öffentlichen Wohnungsbau auszugeben.

II. Wie durch das deutsche Sozialversicherungssystem die säkulare Stagnation gefördert wird.

Eine kollektive Aufgabe, die alle angeht und nur solidarisch gelöst werden kann, ist die Sicherung vor Arbeitslosigkeit, der Gesundheit und der Altersversorgung
Bekannter Weise wird diese Aufgabe, was die Masse der Bürger angeht, aber allein den Arbeitnehmern und, soweit Unternehmen Mitarbeiter beschäftigen, diesen Unternehmen aufgebürdet. Die Menschen werden aber immer älter und die Zahl der aktiven Arbeitnehmer, die die Renten der Alten finanzieren müssen, immer weniger. Deshalb tragen die relativ immer weniger werdenden Arbeitnehmer eine immer höhere Abgabenlast, während die oberen

Einkommensbezieher davon befreit sind und nur für ihre eigene Gesundheit und Rente Versicherungsprämien aufbringen müssen.

Da die Arbeitnehmer nur beschränkt belastbar sind, tendieren die Arbeitslosen-und Rentenerträge dazu, im Verhältnis zur Versorgung früherer Arbeitnehmer immer geringer zu werden und das, obwohl das Bruttosozialprodukt gegenüber früheren Zeiten enorm gestiegen ist. Wie ist das möglich?

Die Einkommen sind primär bei denen gestiegen, die zur Sozialversicherung keine Beiträge leisten. Abgesehen von den steigenden Einkommen aus Kapitalanlagen können sich Kapitaleinkünfte nicht nur durch Wegrationalisierung von Arbeitsplätzen erhöhen, die Unternehmen sparen auch noch die Arbeitgeberbeiträge zur Sozialversicherung. Ein sozialpolitischer, aber auch wirtschaftspolitischer Skandal, Letzteres, weil lohnintensive Betriebe wegen der Arbeitgeberbeiträge zur Sozialversicherung gegenüber kapitalintensiven Betrieben benachteiligt werden. Was ist zu tun?

In einer solidarischen Wirtschaftsordnung sind selbstverständlich alle Einkommensbezieher verpflichtet, das Problem von Arbeitslosen-, Gesundheits- und Altersversorgung zu lösen. Das heißt: Alle Einkommensbezieher müssen Sozialversicherungsbeiträge leisten, auch höhere Einkommensbezieher und Bezieher von Gewinnen, Renten und Kapitaleinkünften und zwar, wenn nötig, bis zu einem gewissen Grad mit steigendem Einkünften progressiv. Alle würden dafür eine bis zu einer gewissen Höhe gedeckelte Grundsicherung erhalten, die durch Zusatzversicherungen natürlich aufgestockt werden kann.

Dadurch wäre die verkrampfte Diskussion über ungenügende Arbeitsloseneinkünfte, Gesundheitskosten und Altersversorgung erledigt. Zugleich würden bei höheren Einkommensbeziehern überschüssige Ersparnisse abgeschöpft. Steuerzuschüsse zur Sozialversicherung brauchten nicht mehr gezahlt zu werden und stünden für andere öffentliche Aufgaben zur Verfügung.

Wünschenswert wäre auch, wenn dadurch auf Arbeitgeberbeiträge zur Sozialversicherung verzichtet werden könnte, so dass arbeitsintensive Betriebe insoweit nicht mehr benachteiligt sind gegenüber kapitalintensiven Betrieben. Damit entfiele insoweit auch der Anreiz, durch Arbeitsplatzabbau Arbeitgeberbeiträge zur Sozialversicherung einsparen zu können.

Obwohl eine Heranziehung und Einbeziehung höherer Einkommensbezieher zur Sozialversicherung auch mit christlichen Argumenten begründet werden kann, wird die Umstellung auf eine allgemeine Grundsicherung ausgerechnet von der *Christlich Demokratischen Union* verhindert.

Das Fortführen des Sozialversicherungssystems belastet wegen hoher und steigender Sozialversicherungsbeiträge die Arbeitnehmer und reduziert entsprechend deren Konsummöglichkeiten und verhindert in Höhe der Steuerzuschüsse andere öffentliche Ausgaben. Durch die Belastung von arbeitsintensiven Betrieben mit Arbeitgeberbeiträgen fördert sie arbeitsplatzvernichtende Rationalisierungen. Die Politik der Bundesregierung begünstigt so die säkulare Stagnation.

III. Wie durch unzureichende öffentliche Investitionen der Merkel-Regierung die säkulare Stagnation gefördert wird.

Zu den kollektiven Bedürfnissen gehört auch eine optimale öffentliche Infrastruktur. Obwohl Deutschland als wirtschaftlich florierendes Land gilt, gibt es nicht nur viele prekäre Arbeitsverhältnisse und zunehmende Altersarmut, sondern sind auch die öffentliche Infrastruktur großenteils desolat und Straßen und Brücken sowie öffentliche Gebäude renovierungsbedürftig.

In dem am 29.09.2014 erscheinenden Buches von Marcel Fratzscher *„Die Deutschland- Illusion"*[140] wird das Zurückbleiben der inländischen Investitionen auch gegenüber anderen Ländern ausführlich beschrieben.

\>\>Wenn Marcel Fratzscher in diesen Tagen einen Vortrag hält, stellt er\<\<, wie *Der Spiegel* berichtet, \>\>seinem Publikum gern eine kleine Rätselaufgabe. "Welches Land ist das?", fragt der Chef des Deutschen Instituts für Wirtschaftsforschung: Es ist seit der Jahrtausendwende weniger gewachsen als der Durchschnitt der Euroländer. In seinen Unternehmen hat sich die Produktivität nur geringfügig gesteigert, und zwei von drei Arbeitnehmern haben

---

[140] Marcel Fratzscher: *Die Deutschland-Illusion*, Hanser Verlag München

heute ein geringeres Einkommen als im Jahr 2000.<<[141] Der gesuchte Staat mit der schwachen Wirtschaftsbilanz ist nicht, wie die Zuhörer erwarten, Portugal, Italien oder Frankreich, sondern Deutschland.

Eine wichtige politische Aufgabe ist auch der geplante Umstellung der Energiegewinnung auf Sonne, Wind, Wasser und Erdwärme sowie auf nachwachsende Rohstoffe und den dafür notwendigen Stromnetzausbau. Die notwendigen Verteilungsnetze sollten dabei möglichst unterirdisch verlegt werden, was zusätzliche Kosten verursacht.

So sieht es offensichtlich auch Fratzscher. Laut Der Spiegel vertritt er die Auffassung: >>Gelingt die Energiewende, schafft sie eine neue atomfreie Infrastruktur im Wert von vielen Hunderten Milliarden Euro. Endet das Projekt im Chaos, kann es Schäden in ähnlich hohem Wert Ursache. … Fratzscher …plädiert für eine möglichst radikale Abkehr von den traditionellen Rohstoffen Kohle und Öl. Stattdessen will er so rasch wie möglich ins Wind- und Sonnenzeitalter einsteigen sowie Unternehmen und Immobilienbesitzern saftige Energiesparziele vorgeben.<< [142]

Ganz im Sinne klassischer Wirtschaftstheorie wird in Deutschland krampfhaft versucht, die Kosten soweit wie möglich auf die Verbraucher umzulegen. Für die Konsumenten würde das bedeuten, dass sie entsprechend weniger andere Waren kaufen können. Natürlich können die Kosten auch nicht auf die Unternehmen gewälzt werden, ohne ihre internationale Wettbewerbsfähigkeit zu beeinträchtigen. Sie sind auch nicht für die politische Entscheidung zur Umstellung des Energiesystems verantwortlich. Beides würde die säkulare Stagnation noch fördern. Somit bleibt nur, dass diese Kosten weitgehend öffentlich finanziert werden.

---

[141] Alexander Jung u.a.: *Der Scheinriese*, in: Der Spiegel Nr. 37 vom 8.9.2014, S. 63.
[142] a.O. S. 69.

IV. Wie durch die Steuerpolitik der Merkel-Regierung die säkulare Stagnation gefördert wird.

Wie ausführlich dargestellt, lässt sich die Nachfrage in Deutschland sinnvoll nur durch höhere öffentliche Ausgaben erreichen. Je mehr Überschussersparnisse abgeschöpft werden, umso mehr nähern sich die volkswirtschaftlichen Ersparnisse auch den realwirtschaftlichen Investitionsmöglichkeiten an, ja die Investitionen werden durch steigende öffentliche Ausgaben sogar angeregt.

Da Staatsausgaben nicht durch zunehmende staatliche Schulden finanziert werden sollen, bleibt nur, die öffentlichen Einnahmen zu erhöhen. Dazu haben auch bereits im letzten Wahlkampf die *Partei der Grünen*, und die *Linken*, aber auch die *SPD* sinnvolle Vorschläge gemacht. Die *CDU* bleibt aber noch am meisten von der überholten neo-klassischen, angebotsorientierten Wirtschaftspolitik bestimmt, so dass sie Steuererhöhungen ablehnt und diese Ablehnung auch in den Koalitionsverhandlungen zur Großen Koalition mit der SPD durchsetzte.

Wegen der in Deutschland relativ guten Wirtschaftsentwicklung sprudeln auch die Steuereinnahmen so reichhaltig, dass sie für die im Koalitionsvertrag vereinbarten Ausgaben ausreichen. Faktisch sind es zwar doch Steuererhöhungen. Denn mittlere Einkommensbezieher rücken mit ihren Einkünften zunehmend in höhere Tarifklassen vor. Ihre Einkommenserhöhungen gleichen häufig kaum die allgemeinen Preiserhöhungen aus. Man spricht dann von „Kalter Progression".

Der Staat nimmt dadurch zwar mehr ein, aber nicht von denen, die übermäßig sparen. So gehen diese Steuereinnahmen zulasten des privaten Konsums und von Investitionen von Selbstständigen. Die so genannte "Kalte Progression" wird zwar von allen Partnern als ungerecht verstanden. Sie fördert darüber hinaus wegen des Nachfrageausfalls auch die säkulare Stagnation.

V. Unzureichender Abbau der öffentlichen Verschuldung zur Verringerung der Krisenanfälligkeit durch Spekulationen und als Vorbild für andere Euroländer

Eine besondere Krisengefahr geht von der öffentlichen Verschuldung aus, wenn die "Märkte", wie es heißt, kein Vertrauen mehr in die Rückzahlung gewährter Kredite an einzelne Staaten haben, dann kann die Wirtschaft des Landes zusammenbrechen. Dabei geht es nicht nur um zusätzliche Schuldenaufnahmen, sondern auch um Refinanzierungen von fällig werdenden Altschulden. Je mehr das überschuldete Land mit anderen Ländern vernetzt ist, umso größer ist auch die Gefahr, dass die vernetzten Länder mit in die Krise hineingezogen werden.

Würden beispielsweise die USA zahlungsunfähig, die 2014 eine Verschuldungsrate und 105,7 % des Bruttoinlandsprodukts[143] erreichen, dann würde die gesamte Weltwirtschaft in eine Krise fallen. Dazu könnte es bereits kommen, wenn der Senat oder der Kongress der USA die dort gesetzlich festgelegte Höchstverschuldungsgrenze nicht mehr erweitern, wie es in den letzten Jahren verschiedentlich befürchtet werden konnte.

Eine besonders enge Verflechtung zwischen Volkswirtschaften besteht zwischen den Mitgliedsländern der Eurozone. Hinzu kommt, dass die öffentlichen Schulden der einzelnen Staaten zum großen Teil von Banken der Eurozone gehalten wurden, so dass, als Griechenland als zahlungsunfähig eingestuft wurde, nicht nur die Wirtschaft Griechenlands zusammenzubrechen drohte, sondern auch maßgebliche Banken im Euro-Raum. Zudem befürchteten die Wirtschaftspolitiker, dass, wenn die Zahlungsunfähigkeit Griechenlands nicht durch politische Maßnahmen der übrigen Länder und des *Internationalen Währungsfonds* verhindert worden wäre, das Vertrauen der „Märkte" auf Rückzahlung von Schulden auch der Länder Portugal, Irland, Spanien und Italien geschwunden und damit die gesamte Eurozone in eine Krise geraten wäre.

---

[143]

http://de.statista.com/statistik/daten/studie/165786/umfrage/staatsverschuldung-der-usa-in-relation-zum-bruttoinlandsprodukt-bip/

Um die Gefahr derartiger Zahlungsunfähigkeitskrisen zu bannen, wurde, maßgebend von Deutschland, gefordert, in den europäischen Ländern *Schuldenbremsen*, zum Teil sogar verfassungsmäßig verankert, zu erlassen.

Im Prinzip sind *Schuldenbremsen* wirtschaftspolitisch eine unbedingte Notwendigkeit, damit das Volumen der umlaufenden Staatspapiere ohne dinglichen Wert - wir haben sie deswegen als *Schrottpapiere* eingestuft, die nur von der Bereitschaft der "Märkte" abhängen, sie laufend zu prolongieren - nicht mehr wächst.

Allerdings wird bei der Festlegung der Schuldenbremsen zu wenig beachtet, dass in dem Umfang, in dem vorher Ersparnisse durch die Schuldenaufnahme vom Markt genommen wurden, diese Mittel von den Anlegern dann zusätzlich investiert oder auf dem Kapitalmarkt verbrannt werden müssen, soll die Nachfragelücke sich nicht in gleichem Umfang weiter vergrößern und die Stagnation beschleunigen. Das gilt auch, wenn, um Schuldenaufnahmen zu vermeiden, die Staatsausgaben eingeschränkt werden.

Diese Erkenntnis hat in der deutschen Politik noch keinen Niederschlag gefunden. Es wird zwar überall darauf gedrungen, dass keine zusätzlichen Schulden aufgenommen werden. Wo die Nachfrage aber herkommen soll, wenn auch die Staatsausgaben noch reduziert werden, darüber glaubt die deutsche Politik wegen der noch fortwirkenden neoklassischen Denkweise nicht nachdenken zu müssen.

Allenfalls sollen europäische Investitionsförderungen stärker in die gefährdeten Länder geleitet werden. Aber erstens sind diese im Verhältnis zum Nachfrageausfall seitens der Staaten und die davon abhängigen Kaufkraftrückgänge der Bevölkerung nur ein *Tropfen auf dem heißen Stein*, und wer soll in Zeiten der allgemeinen säkularen Stagnation auch zusätzlich investieren und zumal in Ländern mit rückläufiger Nachfrage?

Wegen der relativ guten wirtschaftlichen Entwicklung und der deswegen sprudelnden Steuereinnahmen hat Deutschland weniger Probleme mit den verordneten Schuldenbremsen und strebt diese ja auch erst für die Zeit nach 2015 an. In den als zahlungsgefährdeten Ländern der Eurozone führt die Schuldenvermeidung per Ausgabenreduzierung aber verständlicherweise zu so großer Arbeitslosigkeit, dass auch die staatlichen Einnahmen noch weiter sinken und so faktisch die Schuldenbremsen kaum eingehalten werden können.

Eine Erhöhung der weltwirtschaftlichen Nachfrage ist nur zu erreichen, wenn überschüssige Ersparnisse abgeschöpft und wieder zur Nachfrage werden. Dazu müssten die öffentlichen Ausgaben massiv für notwendige öffentliche Investitionen und zur Befriedigung kollektiver Bedürfnisse ausgeweitet und mit Steuern und Abgaben derjenigen finanziert werden, deren Bedürfnisse und realwirtschaftliche Investitionsmöglichkeiten befriedigt sind.

Wenn Deutschland damit beginnen würde, Schulden und zusätzliche öffentliche Ausgaben durch höhere Einnahmen zu finanzieren, könnte es einen entsprechenden Druck auf die als überschuldet geltenden übrigen europäischen Länder der Eurozone ausüben, das heißt, auch sie dazu veranlassen, ihre Oberschichten, die ihre Ersparnisse großenteils ins Ausland transferieren, mit zusätzlichen Abgaben zu belasten.

Angesichts der enormen ungleichen Vermögens- und Einkommensverteilung auch in diesen Ländern dürfte der Lebensstandard der oberen Schichten dadurch nicht sinken. So könnten die Schulden reduziert und zusätzlich die Wirtschaft angekurbelt werden. Allerdings sollte schon darauf geachtet werden, dass zusätzliche öffentliche Ausgaben nicht in korrupten Strukturen verschwinden oder ungesunde wirtschaftliche Verhältnisse konservieren.

Zugleich würde die elende Diskussion darüber aufhören, wer für die Schulden anderer Länder haftet. Wenn die jeweiligen Oberschichten zum Schuldenabbau herangezogen werden, aus deren Steuerkraft ja ohnehin nur Schuldenreduzierungen möglich sind, dann bräuchten weder sogenannte *Rettungsfonds* noch auch die *Europäische Zentralbank* Haftung für diese Schulden zu übernehmen. Wirtschaftspolitisch darf nicht mehr davon ausgegangen werden, dass Gewinne automatisch zu Investitionen werden, sondern das Sozialprodukt muss insgesamt betrachtet und dann gefragt werden, wo fällt die Kaufkraft an und wer braucht sie, so dass möglichst wenig Gewinne für spekulative Kapitalmarktspiele verbleiben.

Wegen der zu erwartenden höheren zusätzlichen öffentlichen Verschuldung als des wirtschaftlichen Wachstums, kann die Hoffnung begraben werden, dass sich die öffentliche Verschuldung im

Verhältnis zum Bruttoinlandsprodukt durch höheres Wachstum generell reduziert. Es bleibt deshalb die Gefahr von Spekulationen gegen Staaten und Währungen. Nur durch hohe Nettoschuldenreduzierungen, finanziert durch zusätzliche Einnahmen, kann die Gefahr der Spekulation gegen die Staaten abgebaut werden

Für die wirtschaftliche Angebots-Nachfragebilanz würde das bedeuten, dass die Vermögenden und hohen Einkommensbezieher wegen der höheren Abgaben Kaufkraft verlieren und in Form von Schuldentilgungen wieder zurückerhalten. So kann die globale-Nachfragebilanz ausgeglichen bleiben. Natürlich kann es dabei vorkommen, dass diejenigen die zusätzlich belastet werden, nicht unbedingt in gleicher Höhe Schuldentilgungen erhalten und andere dafür mehr bekommen, als sie belastet werden. Aber diese Friktionen werden sich in Grenzen halten, zumal die Konsumbedürfnisse der Vermögenden und Reichen dadurch nicht eingeschränkt werden und die realwirtschaftlichen Investitionsmöglichkeiten wegen der säkularen Stagnation begrenzt sind.

Wegen der unzureichenden Beachtung der Probleme der säkularen Stagnation lässt sich die deutsche Regierung in ihrer Wirtschafts- und Steuerpolitik weiterhin von der neoklassischen Wirtschaftsideologie leiten. Das zeigt sich daran, dass sie zu wenig öffentliche Schulden abbaut und durch Zusatzsteuern finanziert. Steuererhöhungen sind der deutschen Regierung geradezu ein Tabuthema. Aus der gleichen Ideologie werden die als überschuldet geltenden anderen europäischen Euro-Länder dazu angehalten, eher durch Ausgabenkürzungen als durch Steuern und Abgabenerhöhung die Schulden abzubauen. Die deutsche Regierung glaubt sicherlich, die Krisenanfälligkeit Eurozone durch ihre Politik zu fördern, verschärft aber per Saldo die säkulare Stagnation.

VI. Unverständnis der Merkel-Regierung für die Geldpolitik in Zeiten der säkularen Stagnation

Nach neoklassischer Wirtschaftspolitik bedeutet Geldvermehrung, die über den Liquiditätsbedarf der Realwirtschaft hinausgeht, Inflation. Um zu verhindern, dass die Staaten ihre Ausgaben durch

Kredite von den Notenbanken zu stark erhöhen und auch dadurch allgemeine Preiserhöhungen auslösen, ist es den Zentralbanken nicht erlaubt, größere Kredite an die öffentliche Hand zu vergeben. Allenfalls im Rahmen ihrer Offenmarktpolitik zur Geldmengensteuerung darf die Zentralbank Staatspapiere vom Kapitalmarkt aufkaufen.

In der heutigen Zeit der säkularen Stagnation und des Kasinokapitalismus wird das Geld aber primär für Kapitalmarktspiele gebraucht, bleibt somit, wenn nicht genügend Geld für Kapitalmarktspiele vorhanden ist, für die Realwirtschaft zu wenig übrig. Deswegen bedarf es, solange Überschusssparnisse auf dem Kapitalmarkt verbrannt werden müssen, einer hohen und wenn nötig ständig steigenden Geldversorgung. Wenn die Börse immer höhere Kursniveaus vermelden muss, um die "Märkte" bei Laune zu halten, muss auch der dafür notwendige Liquiditätsbedarf bereitgestellt werden. Wird er nicht bereitgestelltund bleibt infolgedessen nicht genügend Liquidität für die Bedürfnisse der Realwirtschaft üblich und/oder werden deswegen nicht genügend Überschusssparnisse auf dem Kapitalmarkt verbrannt, dann fällt die Wirtschaft in eine Krise.

Aus neoklassischer Sicht der Merkel-Regierung, aber auch der sie stützenden Wirtschaftsforscher ist diese Liquidierung der Wirtschaft unverantwortlich. Aber wenn Überschusssparnisse nicht abgeschöpft werden, ist das Verbrennen von Kapital auf dem Kapitalmarkt die einzige Möglichkeit, das Ausbrechen von Krisen zu vermeiden, insbesondere, wenn die Staaten keine Schulden mehr aufnehmen dürfen, um so Ersparnisse über öffentliche Ausgaben wieder der realwirtschaftlichen Nachfrage zuzuführen.

Ähnlich problematisch ist die Forderung nach stärkerer Kapitalmarktregulierung. An sich ist sie wünschenswert, um Störungen des Wirtschaftsablaufs durch Spekulationen zu verhindern. Zugleich verhindern wiederum engere Kapitalmarktregeln das Verbrennen von Überschusssparnissen und fördern so die Krisengefahr. Auch hier müssen durch Abschöpfung der Überschusssparnisse erst die Voraussetzungen geschaffen werden, dass strengere Kapitalmarktregeln nicht die volkswirtschaftliche Nachfragelücke vergrößern.

Wie dargelegt, hängt die Zahlungsfähigkeit der Staaten nicht davon ab, ob und inwieweit ihre Staatspapiere einen dinglichen

Wert haben und/oder, ob sich ein Land es überhaupt leisten kann, Schulden bei Fälligkeit zurückzuzahlen, sondern nur davon, ob die Gläubiger selbst bereit sind, die Schulden bei Fälligkeit durch neue Kreditvergabe zu prolongieren.

Den bedeutenderen Zentralbanken, wie der FED der USA und der Europäischen Zentralbank, ist als weitere Aufgabe zugewachsen, Staatsbankrotte durch Spekulation auf Überschuldung zu verhindern. Wenn mächtige Zentralbanken erklären, dass sie im Zweifel alle notleidenden Papiere der beteiligten Staaten aufkaufen, sind die Staatspapiere nicht mehr notleidend. Als der europäische Zentralbankpräsident Mario Draghi im Sommer 2012 eine solche Erklärung abgab, war die Merkel-Regierung einerseits zwar froh, dass eine Euro-Krise abgewehrt werden konnte, andererseits entsetzt, weil eine solche Erklärung mit ihren wirtschaftspolitischen Leitlinien nicht verträglich war. Hier zeigt sich wiederum, wie hilflos die Merkel-Regierung den wirtschaftspolitischen Erfordernissen unserer Zeit gegenübersteht.

Ausklang

Ein Gespenst geht um in der Weltwirtschaft, das Gespenst der säkularen Stagnation. Mögen die Politiker dieses Gespenst erkennen und ihre angebotsorientierten Scheuklappen ablegen! Denn das wirtschaftliche Problem in einer säkularen Stagnation ist nicht ein zu geringes Angebot, sondern eine zu geringe volkswirtschaftliche Nachfrage.

Nicht unternehmerische Fehlentscheidungen, bürokratische Hemmnisse oder deregulierte Bankentätigkeit sind das primäre Problem der säkularen Stagnation, obwohl sie verständlich auch dazu beitragen können, sondern die Tatsache, dass die Kaufkraft so ungleich verteilt ist, der Konsum stagniert und auch für die optimale Befriedigung kollektiver Bedürfnisse nicht genügend ausgegeben werden kann. Folglich fehlen auch die Anreize für zum Ausgleich der weltwirtschaftlichen Ersparnisse ausreichende realwirtschaftliche Investitionen.

So muss die wirtschaftliche Entwicklung stagnieren, beziehungsweise fallen Wachstumserfolge nur noch bei den so genannten "Leistungsträgern", das heißt, den Kapitaleignern, Managern und höher qualifizierten Fachkräften an. Die übrigen Arbeitskräfte werden entweder arbeitslos oder rutschen in prekäre Arbeitsverhältnisse ab und müssen dann von den höheren Einkommensbeziehern über höhere Steuern und Ausgaben alimentiert werden. Da die angebotsorientierte Wirtschaftsideologie nicht erkennt, dass die steigenden Sozialausgaben auch die Folge der ungleichen Vermögens- und Einkommensverteilung sind, empfehlen sie zur Belebung der Wirtschaft die Kürzungen der Sozialausgaben, erhöhen damit abermals die Nachfragelücke und fördern die säkulare Stagnation.

Entsprechend fordern neoklassische Wirtschaftler, dass die schwächelnden europäischen Länder zum Schuldenabbau ihre Staatsausgaben kürzen und stehen dann hilflos davor, dass nicht nur die volkswirtschaftliche Nachfrage sinkt und Arbeitslosigkeit und soziale Not grassieren, sondern sich dadurch auch die Steuereinnahmen verringern, so dass nicht einmal das Ziel der Schuldenreduzierung erreicht wird.

Natürlich gibt es in den schwächelnden Euro-Ländern sehr viel Misswirtschaft, die bekämpft werden muss. Aber das kann nur so geschehen, dass öffentliche Ausgaben, die dadurch eingespart werden, für andere öffentlichen Aufgaben wieder ausgegeben werden, damit die volkswirtschaftliche Nachfrage nicht einbricht.

Was die Fehlbeträge in den öffentlichen Haushalten und den Schuldenabbau angeht, so müssen die Einnahmen durch Steuern und Abgaben der Vermögenden und oberen Einkommensschichten, die ihr Geld ansonsten spekulativ anlegen und großenteils sogar im Ausland, erhöht werden. Die Reichen müssen ohnehin den Schuldenabbau bezahlen. Denn Schuldenrückzahlung zulasten von Armen, die gar keine Steuern zahlen, ist nicht möglich. Das heißt: Letztlich kann, wenn die volkswirtschaftliche Nachfrage nicht weiter reduziert werden soll, ein Schuldenabbau nur von denen finanziert werden, die auch die Gläubiger der Staaten sind.

Es versteht sich, dass die wirtschaftlich gefährdeten Staaten nicht im Alleingang Steuern und Abgaben erhöhen können und schon gar nicht über das Steuerniveau der anderen Länder hinaus. Denn dann würden die Ausweichmanöver der von den höheren Steuern und Abgaben Betroffenen mehr schaden, als an positivem Effekt herauskommt. Nur wenn die stärkeren Industrieländer mit gutem Beispiel vorangehen und darauf hinwirken, dass durch internationale Abkommen Steuervermeidungsstrategien so gering wie möglich werden, können auch die wirtschaftlich schwächeren Ländern ihre Vermögenden und Reichen stärker zur Kasse bitten. Erst dann kann auch von ihnen gefordert werden, dass Zahlungsausfälle in Krisenzeiten von den Vermögenden und oberen Einkommensbeziehern getragen und nicht über "Rettungsfonds" und den Aufkauf von Staatspapieren durch die Zentralbanken vergemeinschaftet werden.

Je bedeutender eine Volkswirtschaft ist, umso größer ist nicht nur ihr Einfluss *auf,* sondern auch ihre Verantwortung *für* die Weltwirtschaft, beziehungsweise die von ihr besonders abhängigen Länder. Deutschland ist die größte Wirtschaftsmacht in Europa. Folglich trägt Deutschland auch die größte Verantwortung für die wirtschaftliche Entwicklung in Europa.

Zu Recht hat die Merkel-Regierung die europäischen Länder zur Vermeidung neuer Schulden verpflichtet. Abgesehen davon, dass sich dieses Prinzip angesichts der wirtschaftlichen Nachfrage-

schwäche in den einzelnen Ländern immer weniger durchsetzen lässt und wegen der fragilen weltwirtschaftlichen Situation jederzeit neue Krisen ausbrechen können, die die öffentlichen Haushalte weiter belasten werden, müsste die Schuldenlast kurzfristig sogar massiv abgebaut werden, um Krisen aus drohender Zahlungsunfähigkeit einzelner Länder zu bannen
. Die Merkel-Regierung erkennt jedoch nicht, dass Schulden nicht durch allgemeine Ausgabenkürzungen, sondern nur durch höhere Steuern für die oberen Einkommensschichten bis hin zu Vermögensabgaben begrenzt und abgebaut werden können. Die öffentlichen Ausgaben für Infrastruktur, Ausbildung, Forschung und Entwicklung, Familienförderung, Umstellung der Energieversorgung und gesicherte Gesundheitsversorgung und Altersrenten müssten dagegen erhöht werden, um die säkulare Stagnation zu bekämpfen. Damit müsste Deutschland vorangehen und zugleich Vorbild sein für die übrigen europäischen Länder. Durch die höheren Inlandsausgaben könnte Deutschland auch die Importe fördern und so einen Beitrag zum Abbau des chronischen Export- und Kapitalexportüberschusses leisten.

Tut Deutschland das nicht und führt die bisherige angebotsorientierte Wirtschaftspolitik fort, dann erhöht es laufend weiter die säkulare Stagnation und die Gefahr des Ausbrechens neuer Wirtschaftskrisen. Dann sollte die Merkel-Regierung aber die Europäische Zentralbank auch nicht bremsen, die durch ihre Geldschwemmen und Niedrigzinspolitik zwar auch zur Zersetzung der Wirtschaft beiträgt, aber im Sinne der von Larry Summers empfohlenen *Förderung von Wirtschaftsblasen* durch ihre Maßnahmen zugleich die Spekulation und damit Kapitalverbrennung fördert und die Spekulation gegen einzelne Länder steuern kann.

Da sich die übrigen Länder mit Zunahme der wirtschaftlichen Schwierigkeiten aber immer weniger dem Diktat der Merkel-Regierung beugen werden, besteht zudem die Gefahr, dass auch noch die wirtschaftliche Autorität Deutschlands verloren geht und chaotische Entwicklungen die Eurozone und letztlich auch Europa gefährden.

Literaturverzeichnis

Bach, Stefan u.a.: *Deutschland muss mehr in seine Zukunft investieren*, in: DIW Wochenbericht Nr. 26.2013, S.3.

BARROSO, José Manuel, *President of the EC, Statement on the TTIP*: You Tube

Bienzeisler, Bernd: *Rationalisierung im Dienstleistungssektor – Strategien und Probleme*,
http://nbn-resolving.de/urn:nbn:de:0168-ssoar-116221

Shinyo Takahiro, Botschafter von Japan in Deutschland: *Die Internationale Finanz- und Wirtschaftskrise: Japans Beitrag zumKrisenmanagement.*
http://www.jdzb.de/veranstaltungen/detail/?tx_ttnews[tt_news]
=645&cHash=a8fbb3228137e6599895167280517ed5

Brönstrup, Carsten fragt George Soros: *„Europa droht eine lange Phase der Stagnation"* www.tagesspiegel.de/...george-soros-europa-droht-eine-lange-p...

Brönstrup, Carsten : *Der Kapitalismus nützt nur den Wohlhabenden, sagt der Ökonom Thomas Piketty. Nur mit höheren Steuern lässt sich das System retten*, in: DER TAGESSPIEGEL NR. 22 048 / 18. 5. 2014, S.22.

Brüggemeier, Franz-Josef: *Geschichte Grossbritanniens im 20. Jahrhundert*, Verlag C.H. Beck, München 2010.

Castañeda, Jorge G.: *NAFTA's Mixed Record, The View From Mexico*, published by the Council of Foreign Affairs, From our January/February 2014 Issue,
http://www.foreignaffairs.com/articles/140351/jorge-g-castaneda/naftas-mixed-record.

Colin *Clark*: *The Conditions of Economic Progress.* Macmillan, London 1940.

Das Weiße Pferd, Ausgabe 14/98: Wirtschaftskrise in Japan, *"Die wirkliche Krise kommt noch"*,
www.das-weisse-pferd.com/98_14/japan.html

DIE WELT 23.12.2013: *Die großen Verlierer der Freihandelszone Nafta*, http://www.welt.de/wirtschaft/article123252705/Die-grossen-Verlierer-der-Freihandelszone-Nafta.html

DIW Pressemitteilung vom 19.03.2014: *Deflationsgefahr im Euroraum.*

dpa Basel: *100 Billionen Dollar Schulden Weltweit enormer Anstieg seit der Lehman-Pleite*, in: WWW.TAGESSPIEGEL.DE/WIRTSCHAFT, MONTAG, 10. MÄRZ 2014 / NR. 21 982, S.13.

Elsener, Dirk: *Wie die neue EZB-Politik Schattenbanken fördert*, in: THE WALL STREET JOURNALL vom 20.6.2014

Felbermayr, Gabriel, Benedikt Heid, Sybille Lehwald: *Die Transatlantische Handels- und Investitionspartnerschaft (THIP), Wem nutzt ein transatlantisches Freihandelsabkommen? Teil 1: Makroökonomische Effekte.* http://www.bertelsmann-stiftung.de/cps/rde/xbcr/SID-291D5EE2-ADC6157/bst/xcms_bst_dms_38052_38053_2.pdf

Fratzscher, Marcel: *Die Deutschland-Illusion*, Hanser Verlag München

Fourastié, Jean 1954: *Die große Hoffnung des zwanzigsten Jahrhunderts.*

Frick, Joachim R. und Markus M. Grabka: *Gestiegene Vermögensungleichheit in Deutschland* (PDF; 276 kB). In: Wochenbericht des DIW Berlin Nr. 4/2009.

Germany Trade & Invest: *Wirtschaftsentwicklung Japan 2007*, 27.05.2008.

Hank, Rainer: *Der amerikanische Virus*, Karl Blessing Verlag 2009,

Harris, Luke Dale: *Bauernlegen auf Europäisch. Rumänien Die traditionelle Landwirtschaft hat ausgedient. Sie wird durch ein ausuferndes Land Grabbing überrollt* in: *der Freitag*, Nr. 19 vom 8. Mai 2014, S. 8.

Häußermann, Hartmut / Siebel, Walter 1995: *Dienstleistungsgesellschaften*, Suhrkamp *1995.*

Herbert, Ulrich über Andreas Wirsching *Das neue Europa entsteht im Geist des Neoliberalismus* in: Süddeutsche Zeitung, 13.03.2012, S.2. http://herbert.geschichte.uni- freiburg.de/ herbert/beitraege/2012/Wirsching- %20Preis%20der%20Freiheit-%20SZ%2012.3.2012.pdf

Höhler, Gerd und Christopher Ziedler: *Wacklige Angelegenheit. Griechenland vermeldet erstmals seit vielen Jahren wieder einen Einnahmenüberschuss – doch Zinsen sind dabei herausgerechnet. Ist die Euro-Krise überstanden ?*in: DER TAGESSPIEGEL Nr.22025 vom 24.4.2014, S.2.

Jahnke, Joachim: Falsch globalisiert.
http://www.jjahnke.net/us.html

Jarecki, Eugene: *Ronald Reagan - Geliebt und gehasst*, Dokumentation http://www.politikforen.net/showthread.php?126659-Ronald-Reagan-Geliebt-und-Gehasst

Jungholt, Thorsten, Clemens Wergin: *Sicherheitskonferenz: USA und EU forcieren gigantische Freihandelszone*, Die Welt, 2. Februar 2013

Singer, K.: *Blasen her!*
http://www.timepatternanalysis.de/Blog/2013/11/27/blasen-her/

Singer, K.: Summers: *Säkulare Stagnation*,
http://www.timepatternanalysis.de/Blog/2013/11/21/summers-sakulare-stagnation/

Krugmann, Paul: *Secular Stagnation, Coalmines, Bubbles, and Larry Summers*, in New York Times November 16, 2013.

Miegel, Meinhard, Stefanie Wahl, Martin Schulte: Die Einkommensentwicklung ausgewählter Bevölkerungsgruppen in Deutschland. IWG Bonn 2008.

Neuhaus, Carla: *Die Leere der Ökonomie. Professoren ignorieren bei der Ausbildung die Finanzkrise noch immer. Studenten protestieren – und unterrichten sich selbst*, in: Der Tagesspiegel Nr. 21 918 v. 5.1.2014, S. 21.

Oswald Andreas: *Die Mittelschicht verliert Alarmierende neue Zahlen: In den USA und in Deutschland bleibt sie vom Wachstum ausgeschlossen*, in: DER TAGESSPIEGEL Nr.22025 vom 24.4.2014, S.24.

Petersen, Uwe: *Arbeitslosigkeit unser Schicksal? Wirtschaftspolitik in der Stagflation*, Verlag Peter Lang Frankfurt am Main Bern New York 1985.

ders.: *Wirtschaftsethik und Wirtschaftspolitik. Zur Überwindung der globalen Wirtschaftskrise. Von der liberalen zur sozialliberalen Wirtschaftsordnung*, Verlag Dr. Kovac Hamburg 2010.

ders.: *Unkonventionelle Betrachtungsweisen zur Wirtschaftskrise. Von Haien, Heuschrecken und anderem Getier(I).* Verlag Peter Lang 2011.

ders.: *Unkonventionelle Betrachtungsweisen zur Wirtschaftskrise II. Krankheiten des Wirtschaftssystems und Möglichkei-*

ten und Grenzen ihrer Heilung, Verlag Peter Lang 2011.

ders.: *Unkonventionelle Betrachtungsweisen zur Wirtschaftskrise III. Was ist zur Lösung der Krise zu tun?*. Verlag Peter Lang 2012, ins Englische 2013 übersetzt: *Unconventional Consideration Manners III. What is to be done for the crisis?*

Piketty, Thomas: *Das Kapital im 21. Jahrhundert*, C.H.BECK 2014.

Pilz, Gerald: *Ungewöhnliche Wertanlagen 25 Alternativen zu Festgeld & Co.*, UVK, Konstanz 2014.

Prognos AG im Auftrag der Bertelsmann Stiftung Studie: *Industrienationen profitieren von der Globalisierung weitaus stärker als Schwellen- und Entwicklungsländer* Pressemeldung Gütersloh, 24.03.2014, http://www.bertelsmann-stiftung.de/cps/rde/xchg/bst/ hs.xsl/nachrichten_120603.htm.

Reaganomics - kein Vorbild, http://www.spiegel.de/spiegel/print/d-14348704. html.

Reiermann, Christian und Anne Seith: *Währungen Die letzte Waffe*, in: Der Spiegel Nr.17/19.4.14, S. 60.

Rohleder, Christoph: *Globalisierung, Tertiarisierung und multinationale Unternehmen - Eine international vergleichende Analyse zur Diskordanz von wirtschaftlicher und politischer Entwicklung-*, Kölner Dissertation 2004.

Schratzenstaller, Margit: *Für einen produktiven und solide finanzierten Staat Determinanten der Entwicklung der Abgaben in Deutschland*, Studie im Auftrag der Abteilung Wirtschafts- und Sozialpolitik der Friedrich-Ebert-Stiftung, in: WISO Diskurs Januar 1913.

Seidel, B. 2001: *Die Einkommensteuerreform*, in: Truger, A. (Hrsg.): Rot-grüne Steuerreformen in Deutschland. Eine Zwischenbilanz, Marburg, S. 21- 46.

Singer, K.: *Summers: Säkulare Stagnation von Martin Wolf vertreten in der FT unter der Überschrift "Why the future looks sluggish".* http://www.timepatternanalysis.de/Blog/2013/11/21/summers-sakulare-stagnation.

Soros, George: *Das Krisenmanagement Angela Merkels und das mögliche Scheitern der Europäischen Union*, in: Der Tagesspiegel Nr. 21970, vom 26.2.2014, S.12.

Welter, Patrick: *Thomas Piketty Ein Rockstar-Ökonom erobert Amerika*, in: FAZ Wirtschaft,
http://www.faz.net/aktuell/wirtschaft/menschen-wirtschaft
/thomas-piketty-ein-rockstar-oekonom-erobert-amerika-
12931937.html

Willke, Gerhard: *John Maynard Keynes: Eine Einführung*, Campus Verlag Frankfurt/M. – New York 2002.

Wohltmann, Hans-Werner: *Säkulare Stagnation*, in: Gabler Wirtschaftslexikon,
http://wirtschaftslexikon.gabler.de/Definition/saekulare-stagnation.html

Zimmermann, Elisabeth: *Siemens verschärft Arbeitsplatzabbau*, in: https://www.wsws.org/de/articles/2013/10/08/siem-o08.html

Zohlnhöfer, Werner und Reimut Zohlnhöfer: *Die Wirtschaftspolitik der Ära Kohl 1982–1989/90.*
http://www.kas.de/upload/ACDP/HPM/HPM_08_01/HPM_08_01_10.pdf

Zschäpitz, Holger, Davos: *Deflationsgefahr. Geldhistoriker warnt vor fataler Abwärtsspirale* DIE WELT 24.01.14,
http://www.welt.de/finanzen
/article124170432/Geldhistoriker-warnt-vor-fataler-
Abwaertsspirale.html

Der Autor

Uwe Petersen, geboren 1932, studierte Sozialwissenschaften und machte 1956 das Diplom-Volkswirt-Examen in Heidelberg. Nach einem anschließenden Studium der Philosophie und des Völkerrechts promovierte er 1964 in Heidelberg bei Hans-Georg Gadamer (Korreferent Jürgen Habermas) zum Dr. phil. mit der Dissertation *Das Verhältnis von Theorie und Praxis in der Transzendentalen Phänomenologie Edmund Husserls*. Ab 1965 war er in verschiedenen Wirtschaftskonzernen und danach in der Wirtschaftsförderung und der strategischen Unternehmensberatung tätig und ist Mitgründer von Wirtschaftsförderungsgesellschaften. Seit 1998 beschäftigt er sich schwerpunktmäßig mit handlungsphilosophischen Themen.

Bisherige Veröffentlichungen:

Das Verhältnis von Theorie und Praxis in der Transzendentalen Phänomenologie Edmund Husserls, Dissertation Heidelberg 1964

Ost-West-Kooperation- Möglichkeiten und Grenzen, Rissener Studien, Eigenverlag HAUS RISSEN, Institut für Politik und Wirtschaft 1974

Arbeitslosigkeit unser Schicksal - Wirtschaftspolitik in der Stagflation
Peter Lang Verlag, Frankfurt/M. 1985

Finanzmittelplanung in: "Unternehmensgründung, Handbuch des Gründungsmanagements", Verlag Franz Vahlen, München 1990

Finanzmittelplanung, in "Gründungsplanung und Gründungsfinanzierung", Beck-Wirtschaftsberater im dtv, 1991,
2. völlig überarbeitete Auflage 1995, Finanzbedarfs- und Finanzierungsplanung in 3. Auflage 2000.

Das Böse in uns. Phänomenologie und Genealogie des Bösen
novum Verlag Horitschon-Wien-München 2005.

The Evil in us Phenomenology an Genealogy of Evil, novum pro
Verlag 2014

Raum, Zeit, Fortschritt. Kategorien des Handelns und der Globali-
sierung novum Verlag, Horitschon-Wien-München 2006.

Das Verhältnis von Theorie und Praxis in der Transzendentalen
Phänomenologie Edmund Husserls, Neudruck der Heidelberger
Dissertation mit einem Nachtrag: *Husserl als Handlungsphilosoph*,
Philosophische Reihe
Hg. J. Heil, Turnshare Ltd. London 2007.

Kreativität und Willensfreiheit im Zwielicht sinnlicher Erfahrung
und theoretische Leugnung, Königshausen& Neumann, Würzburg
2007.

Religionsphilosophie der Naturwissenschaften, Philosophische
Reihe
Hg. J. Heil, Turnshare Ltd. London 2007.

Sprache als wissenschaftlicher Gegenstand, philosophisches Phä-
nomen und Tat, Königshausen& Neumann, Würzburg 2008.

Philosophie der Psychologie, Psychogenealogie und Psychothera-
pie.
Ein Leitfaden für Philosophische Praxis,   Verlag Dr. Kovač 2010

Wirtschaftsethik und Wirtschaftspolitik. Zur Lösung der globalen
Wirtschaftskrise. Von der liberalen zur sozialliberalen Wirt-
schaftsordnung,
Verlag Dr. Kovač 2010

Anthropologie und Handlungsphilosophie, Verlag Dr. Kovač 2011

Unkonventionelle Betrachtungsweisen zur Wirtschaftskrise.
Von Haien, Heuschrecken und anderem Getier, Peter Lang Verlag
2011

Unkonventionelle Betrachtungsweisen zur Wirtschaftskrise II.
Krankheiten des Wirtschaftssystems und Möglichkeiten und Grenzen ihrer Heilung. Peter Lang Verlag 2011

Unkonventionelle Betrachtungsweisen zur Wirtschaftskrise III.
Was ist zur Lösung der Krise zu tun? Peter Lang Verlag 2012

Unconventional Consideration Manners of the Economic Crisis III.
What is to be done for the solution of the crisis? Peter Lang Verlag
2013

Im Anfang war die Tat I. Die Geburt des Willens in der Europäischen Philosophie
Im Anfang war die Tat II. Vom Willen zur Tat
Verlag Dr. Kovač 2012

www.ingramcontent.com/pod-product-compliance
Lightning Source LLC
Chambersburg PA
CBHW051516170526
45165CB00002B/499